Elogios a
Algo Precisa Mu[dar]

"Vigoroso. Autêntico. Realista. Reverente. Não há outros livros como este. Eu sempre pego os livros de David com uma sensação de animação e, sinceramente, apreensão — porque sei que áreas de concessões e complacência em minha vida serão expostas. Mas este livro excedeu minhas maiores expectativas, e por isso sou grato. E você também será. Como disse David, é hora de correr, não de andar. Vamos lá."

— J. D. GREEAR, presidente da Convenção Batista do Sul

"Extraordinário e desafiador. Nunca li um livro como este. Estou muito emocionada. Leia esta história de coração aberto e veja como Deus abre seus olhos, muda sua mente e amplia os sonhos que você tem para a sua vida."

— ANNIE F. DOWNS, autora dos best-sellers *100 Days to Brave* e *Remember God*

"Atreva-se a ler este livro e poderá ter um encontro inesperado com Jesus que o deixará em lágrimas no chão, como a experiência de David. Algo muda dentro de nós quando as necessidades aparentemente esmagadoras do mundo se apresentam de forma simples na vida de uma única pessoa. Por fim, rezo para que sua compaixão seja transformada em ação."

— SANTIAGO "JIMMY" MELLADO, presidente e CEO da Compassion International

"Cativantemente vulnerável, humilde e inesquecível, este livro tem um poder catalítico de mudança de vida. Platt o leva em uma jornada interior que surpreende com a transparência de seu coração e mente, demonstrando um discipulado transformador e cruciforme em tempo real."

— ANN VOSKAMP, autora de *The Broken Way* e *One Thousand Gifts*, best-sellers do *New York Times*

"Recomendo *Algo Precisa Mudar* de todo o coração. Deus falou comigo por meio dele, e isso é o melhor que posso falar de qualquer livro."

— Randy Alcorn, fundador da Eternal Perspective Ministries e autor de *If God Is Good*

"Instigante. Devastador. Puro. *Algo Precisa Mudar* é uma jornada física e espiritual angustiante que passa por áreas de necessidades profundas, terrenos tênues e opressão espiritual, e também é um convite lindo e cheio de esperanças para penetrar com a luz de Cristo na escuridão presente. Este recurso reavivará sua fé, reorientará seu chamado de Cristo e o lembrará da importância e do valor de seu papel na história de redenção de Deus."

— Louie Giglio, pastor da Passion City Church, fundador das Passion Conferences e autor de *Not Forsaken*

"*Algo Precisa Mudar* o levará a uma encruzilhada em sua fé: para quem e para o que você está vivendo? Se o céu e o inferno são reais e há bilhões de pessoas que não conhecem Jesus, o que você fará a respeito disso? Prepare-se para ser desafiado."

— Jennie Allen, autora de *Nothing to Prove* e fundadora da IF:Gathering

"Poucos de nós peregrinarão pelos Himalaias, muito menos precisarão encarar o tipo de sofrimento e necessidade que pessoas experimentam diariamente naquela região e pelo mundo. Em *Algo Precisa Mudar*, David Platt nos serve com a exposição de histórias e vidas daqueles que ele encontrou durante sua jornada pessoal nessa região montanhosa. Todos queremos que nossas vidas façam diferença, e Platt ajuda a nos guiar exatamente em direção a essa visão."

— Trillia Newbell, autora de *Sacred Endurance, Enjoy* e do livro infantil *God's Very Good Idea*

"A mensagem do novo livro de David Platt, *Algo Precisa Mudar,* não poderia chegar em momento melhor. Testemunhei os tipos de situações de partir o coração que David descreve e concordo quando ele diz que o que precisa mudar para lidar com tal sofrimento somos *nós.* Só quando sucumbimos ao trabalho transformador do Espírito Santo em nós — para nos tornarmos mais parecidos com Jesus — é que podemos participar da transformação que Deus está fazendo no mundo. Eu sei pessoalmente quanta alegria pode ser encontrada ao permitir que Cristo trabalhe em mim e por mim dessa forma. Leia este livro, junte-se à jornada e fique aberto à mudança que Deus quer fazer em você!"

— Edgar Sandoval Sr., presidente da World Vision U.S.

ALGO PRECISA MUDAR

ALGO PRECISA MUDAR

Um chamado para que sua vida faça a diferença em um mundo de necessidades urgentes

DAVID PLATT

ALTA LIFE
EDITORA

Rio de Janeiro, 2021

Produção Editorial
Editora Alta Books

Gerência Comercial
Daniele Fonseca

Editor de Aquisição
José Rugeri
acquisition@altabooks.com.br

Produtores Editoriais
Illysabelle Trajano
Thales Silva
Thiê Alves

Marketing Editorial
Livia Carvalho
Gabriela Carvalho
Thiago Brito
marketing@altabooks.com.br

Equipe de Design
Larissa Lima
Marcelli Ferreira
Paulo Gomes

Diretor Editorial
Anderson Vieira

Coordenação Financeira
Solange Souza

Produtor da Obra
Maria de Lourdes Borges

Equipe Ass. Editorial
Brenda Rodrigues
Caroline David
Luana Rodrigues
Mariana Portugal
Raquel Porto

Equipe Comercial
Adriana Baricelli
Daiana Costa
Fillipe Amorim
Kaique Luiz
Victor Hugo Morais
Viviane Paiva

Atuaram na edição desta obra:

Tradução
Samantha Batista

Copidesque
Wendy Campos

Revisão Gramatical
Thaís Pol
Thamiris Leiroza

Diagramação
Joyce Matos

Ouvidoria: ouvidoria@altabooks.com.br

Dados Internacionais de Catalogação na Publicação (CIP) de acordo com ISBD

P719a	Platt, David
	Algo Precisa Mudar: um chamado para que sua vida faça a diferença em um mundo de necessidades urgentes / David Platt ; traduzido por Samantha Batista. - Rio de Janeiro, RJ : Alta Books, 2021.
	224 p. : il. ; 14cm x 21cm.
	Tradução de: Something Needs to Change. ISBN: 978-85-508-1498-8
	1. Autoajuda. 2. Mudança. 3. Vida. I. Batista, Samantha. II. Título.
2021-2747	CDD 158.1 CDU 159.947

Elaborado por Vagner Rodolfo da Silva - CRB-8/9410

Rua Viúva Cláudio, 291 — Bairro Industrial do Jacaré
CEP: 20.970-031 — Rio de Janeiro (RJ)
Tels.: (21) 3278-8069 / 3278-8419
www.altabooks.com.br — altabooks@altabooks.com.br

Editora afiliada à:

Para "Aaron" e todos aqueles que ele representa.

Sumário

Nota do Autor

Em algumas partes do mundo, seguir Jesus é um negócio arriscado. A jornada descrita nestas páginas detalha eventos vistos e ouvidos em diversas viagens nas trilhas dos Himalaias, onde o evangelho nem sempre é bem-vindo. Tudo e todos descritos neste livro são reais, mas por questões de segurança, nomes, locais, horários e outros detalhes principais foram alterados para proteger as pessoas envolvidas.

Agradecimentos

Este livro é fruto da graça de Deus conduzida a mim por intermédio de tantas pessoas em tão variadas formas.

Sou grato a Deus por uma reunião que tive um dia no aeroporto de Atlanta com Sealy, Curtis, Chris e Lukas, que levou a este livro quase três anos mais tarde. Muito obrigado, irmãos, por seu aconselhamento sábio, apoio contínuo e estímulo pessoal.

Sou grato a Deus por Tina e toda a equipe da Multnomah, e, particularmente, por Bruce e Dave. Vocês foram pacientes comigo e me ajudaram de formas que eu precisava desesperadamente e não merecia. Obrigado não só por assumir este projeto de forma tão gentil, mas, acima de tudo, por acreditar tanto nele.

Sou grato a Deus pelos amigos que viajaram comigo para fazer essas trilhas, e, especialmente, por Tim, cujas imensas contribuições fizeram este livro decolar. Um brinde a dias longos, noites frias, conversas desafiadoras, mal de altitude, ossos quebrados, joelhos doloridos, queimações de urtigas, avalanches glaciais, *dal bhats* sem fim e o ardiloso panda-vermelho.

Sou grato a Deus pelos irmãos e irmãs da International Mission Board, com quem tive o privilégio de servir por quatro anos. Sempre agradeço a Deus quando lembro de vocês, sempre oro por vocês com alegria por nossa parceria no evangelho que transcende qualquer posição particular.

Sou grato a Deus pelos membros da McLean Bible Church, dos quais tenho o imerecido privilégio de ser pastor. Vamos administrar o tesouro da graça de Deus confiado a nós para a difusão de Sua glória dentre todas as nações, começando por onde vivemos, na grande Washington, D.C.

Sou grato a Deus por Chris, Jackie e toda a equipe da Radical. Sou abençoado além da conta em servir à igreja realizando a missão de Cristo ao seu lado, e estou extremamente radiante pelas oportunidades que estão à nossa frente.

Sou grato a Deus por minha família. Escrever um livro é difícil, mas escrever a carta que menciono em seu início é infinitamente pior. Vocês são mais preciosos para mim do que consigo expressar em palavras. Heather, Caleb, Joshua, Mara e Isaiah, muito obrigado pelo modo como vocês me amam. Além de ser filho de Deus, a maior honra de minha vida é ser marido e pai.

Acima de tudo, sou grato a Deus pelo evangelho. Não tenho explicações para justificar escrever este livro enquanto tantos estão sofrendo nas trilhas que descrevo aqui, muitos sem qualquer conhecimento do evangelho. Seus rostos estão sempre em minha memória e rezo para que a graça que Deus me concedeu possa, de certa forma, dar frutos para o bem deles e sua glória.

"É necessário que ele cresça e que eu diminua." (João 3:30)

Sobre o Autor

David Platt é autor de três best-sellers do *New York Times*, incluindo *Radical*. É o principal pastor da McLean Bible Church na região metropolitana de Washington, D.C., ex-presidente da IMB (International Mission Board) e fundador da Radical Inc., um centro global para os não alcançados que serve as igrejas na realização da missão de Cristo. Platt fez seu mestrado em divindade (MDiv), mestrado em teologia (ThM) e doutorado (PhD) no New Orleans Baptist Theological Seminary. Ele mora na Virgínia com sua esposa e filhos.

Por que Choras?

Sozinho em uma pousada na base dos Himalaias, eu me vi de joelhos, o rosto no chão, em prantos. Ao meu redor estavam espalhadas as evidências da semana anterior — uma mochila, bastões para caminhada, botas para trilhas. Eu havia recém-terminado uma jornada de uma semana pelas montanhas mais altas do mundo e estava há apenas algumas horas de pegar um voo de volta para casa: os Estados Unidos.

Mas não planejei terminar minha viagem chorando descontroladamente.

Até aquele dia, eu podia contar em uma mão as vezes que chorei depois de adulto. A última vez foi no dia em que recebi a ligação informando que meu pai havia morrido de um infarto fulminante. Mas esse dia em uma pousada asiática foi diferente. Dessa vez não estava chorando porque *eu* sentia falta de alguém ou de alguma coisa. Chorava incontrolavelmente por causa do que os *outros* — homens, mulheres e crianças, que conheci na semana anterior — sentiam falta. Coisas como água, comida, familiares... liberdade e esperança. Ansiei tanto que eles tivessem essas coisas que não consegui evitar. Caí no chão em prantos e a enxurrada de lágrimas não parava.

Do que Precisamos

Relembrando aquele dia na pousada, eu me pergunto por que ficar tão comovido pelas outras pessoas com necessidades fora tão incomum para mim. Penso em todos os cultos da igreja em que estive semana após semana, ano após ano, falando e ouvindo sobre as necessidades das pessoas do mundo todo. Penso em todos os sermões que preguei sobre servir aos necessitados. Penso até nos livros que escrevi, incluindo *Radical* — pelo amor de Deus — um livro sobre entregar nossas vidas em amor a Cristo e ao mundo à nossa volta. Então por que fora tão raro para mim ficar tão comovido pelas necessidades dos outros a ponto de me curvar perante a Deus e chorar?

Não acho que essa pergunta seja apenas para mim. Quando penso em todos os cultos da igreja, lembro de pouquíssimas vezes em que outros cristãos e eu choramos juntos pelas pessoas que não tinham água, comida, família, liberdade ou esperança. Por que uma cena como essa é tão incomum em nosso meio?

Isso me faz pensar se perdemos nossa capacidade de chorar. Eu me pergunto se não protegemos nossas vidas, famílias e até nossas igrejas de maneira sutil, perigosa e quase inconsciente de sermos realmente afetados pelas palavras de Deus em um mundo de necessidades físicas e espirituais urgentes à nossa volta. Falamos muito sobre a necessidade de *saber* o que cremos em nossas mentes, mas ainda me pergunto se esquecemos de *sentir* o que cremos em nossos corações. De que outra forma poderíamos explicar nossa habilidade de participar de cultos em que cantamos canções e ouvimos sermões celebrando como Jesus é a esperança do mundo e ainda raramente (quando acontece) nos curvamos chorando por aqueles que não têm essa esperança e então agimos para que conheçam-na?

Por que hoje parecemos estar tão longe do caminho de Jesus? Ele chorou pelos necessitados. Comoveu-se em compaixão pelas multidões. Viveu e amou para trazer cura e conforto para os debilitados. Morreu pelos pecados do mundo. Então por que aqueles de nós que carregam seu Espírito não se comovem e são compelidos da mesma forma? Certamente Deus não criou o evangelho de Jesus para ficar confinado em nossas mentes e bocas na igreja, ainda mais desconectado de nossas emoções e ações no mundo.

Certamente algo precisa mudar.

Mas como? Quando me vi com o rosto no chão naquela pousada, não foi porque ouvi um novo fato sobre o sofrimento do mundo ou mesmo por uma nova descoberta a partir da Palavra de Deus. No longo voo para a Ásia, eu havia realmente escrito todo um sermão sobre pobreza e opressão, com números inacreditáveis em relação aos pobres e oprimidos no mundo atual. E o escrevera a partir de uma perspectiva emocionalmente bem protegida e assustadoramente desalmada. De alguma forma, observar as estatísticas da pobreza e até estudar a Bíblia deixara minha alma incólume. Mas quando fiquei cara a cara com homens, mulheres e crianças em necessidade física e espiritual urgente, o muro em meu coração foi quebrado. E eu chorei.

Claramente, a mudança de que precisamos não acontecerá simplesmente por vermos mais fatos ou ouvirmos mais sermões (ou mesmo pregá-los). Não precisamos de uma explicação da Palavra e do mundo que coloque mais informações em nossas cabeças; precisamos de uma experiência com a Palavra *no mundo* que penetre as reentrâncias de nossos corações. Precisamos ousar ficar cara a cara com a necessidade desesperada no mundo à nossa volta e pedir a Deus para que faça um trabalho profundo dentro de nós que nunca poderíamos fabricar, manipular ou mesmo fazer acontecer sozinhos.

Essa é a minha oração para as próximas páginas.

Um Risco

Tomei uma abordagem diferente ao escrever este livro. Geralmente sou um pastor que faz uso da exposição e da explanação para comunicar seu ponto de vista. Mas, como mencionei, não acho que precisamos de mais exposição e explanação. Acho que precisamos de uma experiência — um encontro que leve a verdade exposta e explicada a um nível mais profundo em nossos corações do que conseguiria chegar de outras formas.

Então, neste livro, quero deixar de lado meu papel de pastor e convidá-lo a experimentar uma caminhada comigo por algumas das mais altas montanhas da Ásia. Eu o convido a comer o que comi, beber o que bebi, ver os rostos que vi, tocar as pessoas que toquei e, em tudo isso, sentir as emoções que senti. No fim, quero que consideremos como transferir essa caminhada pelos Himalaias para nossas vidas cotidianas. Quero que imaginemos o que poderia acontecer se deixássemos que o evangelho penetrasse além de nossas mentes até nossos corações, de forma que mude drasticamente o curso de nossas vidas, famílias e das igrejas do mundo.

Acredito que há um risco em usar minha jornada pelas montanhas como cenário para este livro — tanto para você quanto para mim. Para mim, o risco é deixar a segurança do púlpito em que geralmente prego e até sair de trás da mesa em que normalmente escrevo, para compartilhar algumas dificuldades que tenho com coisas que prego e verdades em que acredito. Ao convidá-lo para essas trilhas, quero lhe mostrar minhas reflexões pessoais, e não quero esconder minhas questões mais profundas.

Por exemplo, se o evangelho é realmente verdadeiro e Deus é verdadeiramente bom, então onde estão a verdade e a bondade de Deus em meio à dor e à pobreza extrema? E onde estão sua paz e proteção pelos oprimidos e explorados?

E o que dizer da vida além deste mundo? Em um universo regido por um Deus bom, o inferno é mesmo um lugar e realmente dura para sempre? Se ele de fato existe e nunca acabará, por que tantas pessoas nascem em um inferno terreno apenas para seguir para outro eterno? E é verdade que bilhões de indivíduos que não creem em Jesus irão para lá, mesmo se nunca tiveram a oportunidade de ouvir falar dele?

Você pode ficar surpreso ao descobrir que até um pastor como eu, que crê absolutamente na verdade e na confiabilidade das Escrituras, ainda lute com questões como essas. Eu luto. E sei que uma coisa é fazer essas perguntas de trás de um púlpito em um edifício confortável no domingo de manhã, mas é algo totalmente diferente fazê-las quando estamos de pé na encosta de uma montanha com um homem cuja esposa e filhos morreram em uma questão de horas de uma doença evitável porque não havia remédio disponível. Ou quando olhamos nos olhos de uma menina de doze anos que quer fazer sexo com você, porque foi para isso que foi vendida e escravizada desde os dez anos. Ou quando vemos um corpo fisicamente queimar em uma pira funerária e sabemos que aquela pessoa nunca ouviu falar de Jesus.

Quero arriscar compartilhar uma visão dos bastidores do que acontece quando um pastor e um autor com três graduações de seminário têm suas convicções mais profundas abaladas pela escuridão do mundo à sua volta e se vê perguntando honestamente: *afinal de contas, Jesus é realmente a esperança do mundo?*

Acredito que também haja riscos para você aqui. Só para que saiba, estou lhe poupando muito risco ao escrever este livro. Não é necessário se arriscar em uma viagem de helicóptero para uma parte remota do mundo onde se algo ruim acontecer com você, está praticamente desconectado da comunicação externa e há dias de distância de conseguir alguma ajuda. Estou lhe poupando do risco de atravessar pontes suspensas e caminhar por trilhas estreitas onde um escorregão pode significar rolar para sua morte. Você não precisa se preocupar com os males da altitude, amebíase, diarreia do viajante, cyclospora, giardíase, malária, hepatite ou... acho que você já entendeu. Basta dizer-me "de nada" por tê-lo poupado de todos esses riscos!

Mas você não pode evitar todos os riscos ao se juntar a mim nessa jornada. Eu não tinha ideia do que aconteceria em minha vida depois de uma semana naquelas trilhas. Então, ao convidá-lo para vir comigo para as montanhas, estou pedindo que você se abra para a possibilidade de que o modo como vê sua vida, sua família, sua igreja ou o seu futuro podem não ser os mesmos quando retornar. Não sei se você se verá no chão chorando incontrolavelmente. Mas espero que se veja desprotegido. Sem filtros. E finalmente aberto a todo um novo mundo do que Deus quer fazer em sua vida e por meio dela.

Então, se estiver disposto a fazer essa jornada, convido-o a virar a página.

Porque algo precisa mudar.

A Preparação

té mesmo uma viagem curta para os Himalaias exige preparação. Eu e uma pequena equipe caminharíamos pelas trilhas da montanha em altitudes mais elevadas do que qualquer um de nós já havia experimentado (a não ser em um avião). De forma quase inimaginável, mais de 100 picos nos Himalaias se elevam acima dos 7 mil metros. Essa cadeia de montanhas se estende por 5 países diferentes — Nepal, Índia, Butão, China e Paquistão —, 6 se contarmos o Tibete.

Eu sabia que a viagem exigiria muito fisicamente, então treinei fazendo Crossfit, caminhando todas as manhãs durante meses em uma esteira com inclinação e caminhando até o cume da montanha mais alta próxima de mim. Infelizmente, essa montanha se estendia apenas 304 metros acima do nível do mar. Isso não é nem uma colina nos Himalaias.

Além do treinamento físico, arrumar as malas para a jornada exigiu um planejamento cuidadoso. Cada membro da equipe teria que carregar todo o seu próprio equipamento — isto é, sem assistência dos sherpas ou de iaques. Então o objetivo era aguentar o peso de todas as suas roupas e equipamentos variados até no máximo 9kg. Já que nas elevações mais altas dormiríamos com temperaturas abaixo do ponto de congelamento, isso significava carregar um saco de dormir adequado para −9°C.

Também iriam na mochila:

- uma muda de roupas para quando chegássemos no meio da caminhada
- uma toalha pequena e artigos de toalete mínimos
- um chapéu, protetor solar e óculos de sol para a caminhada durante o dia
- uma lanterna de cabeça para a caminhada à noite
- uma garrafa de água com filtro
- lanches (não há muitas máquinas vendendo salgadinhos no caminho)
- uma Bíblia e um diário

Contexto

Como fui parar nessa jornada? Primeiramente, foi por causa de uma reunião que tive um dia com um cara chamado Aaron, que agora é um bom amigo.

Conheci Aaron quando ele visitou a igreja em que eu era o pastor. Ele se apresentou a mim depois de um culto de adoração e me disse que morava na Ásia, e foi isso. Eu não o vi novamente por uns dois anos. Durante esse tempo, Deus nos guiou e fez minha esposa, Heather, e eu procurarmos adotar uma criança do mesmo país em que Aaron vive. Ouvimos falar sobre as condições de vida de muitas crianças por lá, incluindo meninas que viravam escravas sexuais, então decidimos trazer uma dessas crianças para a nossa família.

Começamos o processo de adoção, e, noite após noite, Heather e eu reuníamos nossos dois filhos na época e rezávamos por sua futura irmã. Tudo ocorreu tranquilamente, e nosso próximo passo foi quando nos tornamos compatíveis com uma menininha específica. Então, sem aviso algum, esse país encerrou a adoção para estrangeiros. Ficamos com nossos corações devastados.

Aquele Natal foi triste para nós, então escrevi um poema para Heather, em uma tentativa de expressar o peso que ambos sentimos. Detalhei todas as dificuldades pelas quais passamos, os anseios profundos que experimentamos por ter essa menininha especial como parte da nossa família. Expressando esses sentimentos na voz da criança que nunca conheceríamos, finalizei o poema com estes versos:

Deixe que o amor espere e deixe que o amor implore,
A Deus em nome de uma filhinha aguardada.
E independentemente de um dia vocês serem ou não
    meus pais,
Prometam-me, por favor, que sua família nunca vai parar
    de por mim orar.

Esse país permaneceu fechado, mas Heather e eu confiávamos que Deus colocara esse lugar em nossos corações para um propósito. Então, quando não conseguimos adotar, na vez seguinte que Aaron estava passando por aqui e disse oi depois de outro culto da igreja, falei: "Podemos nos reunir em meu escritório amanhã de manhã?"

No dia seguinte, Aaron compartilhou comigo como as condições de vida de muitas crianças em seu país eram realmente horríveis e que mais garotas do que qualquer um de nós conseguiria imaginar (ou gostaria) eram escravas sexuais. Ao conversarmos, ele me convidou para me juntar a ele em uma jornada, e foi uma decisão fácil — *eu topei.*

Dizendo Adeus

Eu adoro visitar outras partes do mundo para compartilhar o evangelho, mas odeio dizer adeus. Como viajo muito para o exterior e essas viagens nem sempre são destinos que o Departamento de Estado dos EUA recomenda, tento manter uma carta atualizada para Heather e nossos filhos caso algo aconteça. Não preciso dizer que escrevê-la nunca é agradável, mas é um ótimo lembrete do quanto amamos aqueles próximos de nós.

Nesta viagem fui encorajado a ter dois homens me acompanhando. O primeiro era Chris, um velho amigo que conheço desde a infância. Agora trabalhamos juntos em uma organização chamada Radical (https://radical.net [conteúdo em inglês]), um ministério mundial e plataforma de caridade com o fim de servir a igreja e difundir o evangelho nas linhas de frente com necessidades urgentes pelo mundo.

Nosso segundo colega de caminhada era um homem que eu acabara de conhecer. Seu apelido é Sigs e seu papel seria documentar a viagem com fotos e vídeos. Aprendi rapidamente que Sigs é uma alma aventureira com um talento especial para fazer perguntas que realmente me fazem pensar. Além de carregar seus pertences pessoais na mochila, ele também teria que levar o equipamento fotográfico, com baterias extras. Encontrar tomadas elétricas para recarregar o equipamento nas áreas remotas do Himalaia... tá bom, boa sorte!

Boas Novas?

No caminho, enquanto o avião planava de um fuso horário para o outro, tentei dormir. Li minha Bíblia e fiz algumas notas em meu diário. Comecei a sentir falta de Heather e das crianças. Orei silenciosa e profundamente por eles, pedindo a Deus por uma dose extra de sua proteção e provisão enquanto eu estivesse fora.

Também tive uma conversa interessante com outro passageiro. Seu nome era Charles e descobri que ele era do Congo. Ele era cego. Ao me contar sua história, compartilhou que sua cegueira fora resultado de uma cirurgia malfeita nos olhos. Ao nos conhecermos melhor, contei-lhe o propósito de minha viagem e tive uma oportunidade de compartilhar o evangelho com ele.

Charles não ficou animado em descobrir que eu era um seguidor de Jesus. Ele me disse o quanto seu povo foi ferido e prejudicado por alguns missionários da Europa que, de acordo com ele, fizeram coisas desastrosas a seu país em nome de Cristo. Como resultado, a visão que Charles tinha de Jesus era significativa — e tristemente — distorcida.

Fiquei resignado ao ouvir que sua experiência com as "boas novas", como ele as recebeu, não foi nem um pouco boa. Aparentemente, é possível que várias interpretações errôneas do evangelho afastem ainda mais as pessoas de Deus.

Fiz o melhor para convencer Charles de que o verdadeiro Jesus não é nada como aquelas pessoas que o haviam prejudicado, mas ele não me pareceu convencido. Mais tarde, escrevi algumas reflexões em meu diário sobre meu desejo de nunca interpretar Jesus de maneira errônea:

Ó Deus, essa é a última coisa que quero fazer. Por favor, ajude-me, ajude-nos, a dar às pessoas uma visão precisa de ti que as atraia a ti, não que as afaste de ti.

Dia 1: A Chegada

Animado, mas Cansado

Trinta horas na classe econômica de um avião acabam com uma pessoa. É tarde da noite quando atordoadamente saímos do nosso último voo da Europa para a Ásia. Enquanto o avião taxiava em direção ao terminal, Chris disse com um bocejo: "Tudo o que quero é um lugar para me esticar e deitar!"

"Te entendo", respondo. Olho para Sigs do outro lado do corredor, que, depois de fechar sua bandeja e endireitar sua poltrona, dormira novamente. Sim, estamos todos cansados.

Pegamos nossas bagagens de mão e, enquanto saímos do avião, novas visões, cheiros e sons bombardeiam nossos sentidos. Quase todos à nossa volta falam um idioma diferente. Muitas das mulheres usam roupas longas, casuais e coloridas com uma cobertura para a cabeça. Alguns dos homens usam camisetas longas, folgadas e trespassadas com calças combinando. Os restaurantes do aeroporto emanam um aroma pungente único de temperos e especiarias. Exaustos como estamos, ainda percebemos rapidamente que já não estamos mais no Kansas.

Um pouco desorientados, nossa ansiedade aflora porque não temos muita certeza do que fazer ou para onde ir. A sinalização do aeroporto é enigmática, escrita em outra língua e às vezes traduzida para o inglês de um jeito que não faz muito sentido.

Na dúvida, siga em frente, então pegamos nossas malas e seguimos os outros passageiros em direção à alfândega. Com gemidos, vemos que há uma longa fila, que descobrimos que quase não se move. Ao nos aproximarmos, trocamos olhares frustrados. Suponho que haja certa arrogância sutil em nossos pensamentos, já que nossas expressões faciais e linguagem corporal dizem: *consigo enumerar diversas formas em que esse sistema poderia ser mais eficaz.* Não importa. Não há nada a se fazer além de esperar e nos arrastar.

Depois de conseguirmos bastante tempo para esticar as pernas nessa espera de uma hora, entregamos nossos passaportes a um agente que olha cada uma das fotos e nossos rostos antes de verificar a validade dos vistos.

"Motivo da visita?", pergunta ele.

"Queremos fazer as trilhas nas montanhas", respondo.

Ele assente com a cabeça, carimba cada um dos passaportes e faz um sinal com as mãos para seguirmos.

Como estamos carregando tudo do que precisamos nas mochilas, não há mais bagagem para pegar. Ao sairmos pela porta da frente do aeroporto, Aaron nos espera. Eu o cumprimento com um aperto de mão e um abraço, e então o apresento a Sigs e Chris.

"Vocês parecem muito cansados", diz Aaron, com um sorriso. Nós concordamos. Ele nos leva a uma pequena van. Depois de entrarmos — sentar novamente já parece muito bom de novo —, ele liga o motor e entra no trânsito dizendo: "Vamos à nossa pousada, onde vocês poderão dormir um pouco."

Trânsito Maluco

Nessa grande cidade asiática, mesmo depois que o sol já se pôs há várias horas, as ruas ficam congestionadas. Estou falando de *trânsito* — todos os tipos imagináveis de veículos de duas, três ou quatro rodas: bicicletas, riquixás, scooters, carros, ônibus e semirreboques. *Um caos!*

Aaron não parece preocupado com as colisões que quase ocorrem a cada minuto. Ele serpenteia com a van, muitas vezes usando a buzina, que parece ter sua própria linguagem, enquanto os motoristas buzinam continuamente para se comunicar uns com os outros. Todos nós estamos bem acordados agora, já que isso tudo faz com que a hora do rush de nossa cidade pareça brincadeira de criança. É impossível tentar entender as leis de trânsito (se é que elas existem). Os semáforos parecem mais sugestões do que obrigações. Alguns cruzamentos envolvem simplesmente uma variedade de veículos vindos de todas as direções, convergindo no centro e, então, lentamente ziguezagueando para a rua desejada.

Além da desordem, noto que meus olhos estão ardendo levemente por causa da poluição, com nuvens de escapamento e poeira subindo das ruas semipavimentadas. Alguns dos residentes em veículos de duas rodas usam máscaras cirúrgicas para filtrar parte do ar poluído.

Passamos por uma motocicleta pilotada por um homem com uma criança no colo, uma mulher (supostamente sua esposa) sentada de lado atrás dele com um bebê, e duas outras crianças espremidas atrás dela. Quem é que precisa de uma minivan quando basta ter uma motocicleta?

Depois de uma hora no trânsito agitado, chegamos à pousada — ah, a última oportunidade de esticar o corpo totalmente e dormir. Largamos as mochilas em um quarto.

Antes de nos retirarmos, Aaron nos reúne para dar algumas instruções e umas palavras de ânimo: "Eu sei que esses voos de avião deixaram vocês exaustos, e pensar em mais um voo pela manhã não é lá muito animador. Mas acreditem em mim. O voo de amanhã será inesquecível!"

Preciso Anotar Isso

Vou até meu quarto na pousada, uma configuração singular com uma cama de solteiro e uma mesa de apoio. Uma pequena janela se abre para fora deixando a brisa fresca entrar gentilmente no quarto. Com o vento leve chega um barulho constante das ruas enquanto homens, mulheres, carros e motocicletas seguem o que parece ser uma atividade sem fim.

Ao sentar na cama, pego meu diário da mochila. Quando era mais novo, um mentor que tive me incentivou a manter um diário como parte do meu relacionamento com Deus. Comecei a escrever pensamentos sobre o que Deus me ensinava em sua Palavra e como eu o via trabalhando em minha vida e no mundo à minha volta. Essas reflexões inevitavelmente se transformavam em orações de louvor e gratidão a Ele, solicitações para minha vida e intercessão na dos outros. Não posso afirmar que escrevi todos os dias desde então, mas o fiz de vez em quando por muitos anos e quase todos os dias nos anos mais recentes.

Então, mesmo quase não conseguindo manter os olhos abertos, eu li estes versos das Escrituras (em minha leitura diária da Bíblia, eu estava nesta parte de Lucas) e escrevi no diário:

No ano décimo quinto do reinado do imperador Tibério, sendo Pôncio Pilatos governador da Judeia, Herodes tetrarca da Galileia, seu irmão Filipe tetrarcada Itureia e da província de Traconites, e Lisânias tetrarca da Abilina, sendo sumos sacerdotes Anás e Caifás, veio a palavra do senhor no deserto a João, filho de Zacarias. Ele percorria toda a região do Jordão, pregando o batismo de arrependimento para remissão dos pecados, como está escrito no livro das palavras do profeta Isaías:

Uma voz clama do deserto:

Preparai o caminho do Senhor;

Endireitai as suas veredas.

Todo o vale será aterrado;

E todo monte e outeiro serão arrasados;

Tornar-se-á direito o que estiver torto,

e os caminhos escabrosos serão aplainados.

Todo homem verá a salvação de Deus. (3:1–6)

Escrevi em meu diário,

Falando em esperança. Vales aterrados, o que é torto, endireitado, o escabroso aplainado e todos vendo a salvação de Deus. Essas palavras de Isaías proferidas há milhares de anos são concretizadas na vinda de Jesus. Ele é a esperança para a qual toda a história indicava.

Lendo mais em Lucas:

Dizia, pois, ao povo que vinha para ser batizado por ele: "Raça de víboras! Quem vos ensinou a fugir da ira iminente? Fazei, pois, uma conversão realmente frutuosa e não comeceis a dizer: 'Temos Abraão por pai.' Pois vos digo: Deus tem poder para destas pedras suscitar filhos a Abraão. O machado já está posto à raiz das árvores. E toda árvore que não der fruto será cortada e lançada ao fogo." (Versículos 7–9)

O arrependimento é muito mais importante do que a religião. Deus deixou claro que não podemos nos basear na religião sem arrependimento. E o verdadeiro arrependimento está evidente no fruto de nossas vidas.

Perguntava-lhe a multidão: "Que devemos fazer?"

Ele respondia: "Quem tem duas túnicas dê uma ao que não tem; e quem tem o que comer, faça o mesmo."

Também publicanos vieram para ser batizados, e perguntaram-lhe: "Mestre, que devemos fazer?" Ele lhes respondeu: "Não exijais mais do que vos foi ordenado."

Do mesmo modo, os soldados lhe perguntavam: "E nós, que devemos fazer?"

Respondeu-lhes: Não pratiqueis violência nem defraudeis a ninguém, e contentai-vos com o vosso soldo. (Versículos 10–14)

O arrependimento leva a um modo de vida diferente. E exige mudança.

Ora, como o povo estivesse na expectativa, e como todos perguntassem em seus corações se talvez João fosse o Cristo, ele tomou a palavra, dizendo a todos: "Eu vos batizo na água, mas eis que vem outro mais poderoso do que eu, a quem não sou digno de lhe desatar a correia das sandálias; ele vos batizará no Espírito Santo e no fogo. Ele tem a pá na mão e limpará a sua eira, e recolherá o trigo ao seu celeiro, mas queimará as palhas num fogo inextinguível." É assim que ele anunciava ao povo a boa nova, e dirigia-lhe ainda muitas outras exortações. (Versículos 15–18)

Claramente, as boas novas — o evangelho — também envolvem más notícias, um aviso da chegada do julgamento, até do fogo inextinguível. Senhor, ajuda-me a entender esse evangelho.

Para crer verdadeiramente o que significa sua ira ser real, e vindoura, a todos que não se arrependerem e acreditarem em Jesus. Eu não acho que saiba como entender — ou aceitar — essa verdade. Acho muito mais fácil acreditar que seu perdão é real, e vindouro, a todos aqueles que se arrependerem e acreditarem em Jesus.

Caio no sono com meu diário e minha Bíblia no peito.

Reflexões

Como o objetivo deste livro é ser uma experiência nessas trilhas dos Himalaias, incluirei algumas perguntas no fim de cada dia de jornada para ajudá-lo a aproveitar sua própria jornada ao máximo. Então imagine-se no final desse dia deitado na cama de uma pousada (e a partir de amanhã, em um saco de dormir frio), refletindo sobre essas perguntas e anotando qualquer pensamento ou oração que vier à mente.

O que o deixaria mais nervoso em fazer uma jornada como essa? O que o deixaria mais animado?

O que você acha mais difícil de entender no evangelho?

Dia 2: Um Longo Caminho a Percorrer Antes de Escurecer

Nos Confins da Terra

Na manhã seguinte, chegamos cedo em um hangar em ruínas. Há outros quatro além de mim: Sigs, Chris, Aaron e Nabin, que nasceu no país e agora trabalha com Aaron. Ele servirá como nosso intérprete para as pessoas que conhecermos no caminho.

Aaron nos reúne e diz: "Neste momento, estamos próximos de 1.500m acima do nível do mar, mas vamos subir para quase 4.000m. Então sugiro que vocês tomem este medicamento para mudança de altitude antes de decolarmos."

Ele dá a cada um de nós um comprimido, e, levando a sério o que ele disse, todos tomamos os remédios com alguns goles de água.

Estou nervoso enquanto caminhamos em direção ao helicóptero que nos espera. Lembro da única vez que andei em um desses antes. Fui convidado a pregar no Havaí (o que, afinal, não é um convite difícil de aceitar) e no dia em que Heather e eu tivemos um tempo livre, fizemos um passeio de helicóptero pelas montanhas. Enquanto ela apreciava a vista das cachoeiras pela janela, eu observava a sacola em meu colo, esperando para depositar nela o almoço que comera mais cedo. Não foi uma boa experiência.

O piloto veio até nós e nos deu instruções, basicamente sobre evitar sermos atingidos pelos rotores: "Sempre se aproxime e se afaste do helicóptero pela frente, onde posso ver vocês", diz ele. "Caminhe agachado, com a cabeça baixa e o equipamento seguro o tempo todo. Não levante nada acima do nível dos olhos, porque pode voar. E se voar, deixe que vá. Não vale a pena perder um braço para segurar seu chapéu."

"Finalmente", diz ele, com um olhar que indica que já viu muitas pessoas tentando fazer isso, "por favor, não pare para tirar uma selfie debaixo das hélices quando estiverem girando acima da sua cabeça. Simplesmente entre ou saia da aeronave". Lentamente, todos colocamos nossos telefones nos bolsos.

"Uma vez que estiverem sentados, apertem bem os cintos e aproveitem a viagem." Ele conclui: "Se houver uma emergência a qualquer momento, aguardem para seguir minhas instruções."

Sérios pelo fato de que pode haver uma emergência, timidamente nos reunimos para tirar uma foto em frente ao helicóptero (antes dos rotores serem ligados!). Depois da foto, colocamos as mochilas nas gaiolas fixadas ao lado da aeronave, subimos aos nossos lugares e apertamos os cintos. O piloto inicia o giro dos rotores e o barulho do helicóptero inunda a cabine. É praticamente impossível agora ouvir alguém falar, então cada um de nós está sozinho com seus próprios pensamentos.

Decolamos lentamente do chão e logo vemos uma cena surreal. Estamos agora acima de todo o barulho, poeira e trânsito caótico, e passando abaixo de nós há um labirinto complexo de prédios brancos, amarelos e alaranjados. Estendendo até onde a vista alcança há uma grande selva urbana, casa de milhões de pessoas aqui na base dos Himalaias. Em pouco tempo, nos elevamos acima do que os locais chamam de "as colinas" — picos de montanhas de 1.800, 2.500 e 3.000 metros, que seriam montanhas notáveis em quase qualquer outro lugar do mundo. Mas não aqui.

Ao escaparmos da confusão da cidade, vemos em primeira mão por que os picos anteriores são chamados de colinas. De repente, vemos montanhas que parecem se elevar acima do próprio céu. São tão altas que é preciso esticar o pescoço para ter um vislumbre de seus picos. O cenário é de tirar o fôlego. Abaixo há um vale verde vívido, como um rio de florestas exuberantes e terras cultiváveis serpenteando pelas montanhas circundantes. Mas não é possível tirar os olhos dos picos elevados cobertos de neve à frente por muito tempo, como uma coroa de joias brancas reluzindo ao sol da manhã.

Um sorriso se abre em meu rosto. Pareço uma criança que ganha um presente inesperado. Essas montanhas majestosas estão agora frente a frente. Penso em pegar meu celular para tirar uma foto, mas sei que ela não fará justiça *à cena*. Então permaneço sentado e observo fascinado.

Nos trinta minutos seguintes, o helicóptero plana pelo hall dos gigantes. Eu já ouvira falar de montanhas como o Evereste, a

Annapurna, o Manaslu e o Lhotse, mas agora vejo outras como elas. Estou comovido por sua grandeza e pela vulnerabilidade que criam em mim. *Esse é um voo de risco; se tivermos problemas, é o fim para todos nós.* Meus sentimentos eram como se estivesse em um barco inflável e flutuasse longe demais oceano adentro: por alguns segundos me senti indefeso, até que consegui remar para mais perto da costa. Mas o medo enquanto sobrevoava os vales entre essas montanhas monstruosas durou mais tempo do que alguns segundos. Eu orei em silêncio por nossa segurança, percebendo que minha sensação de desamparo e vulnerabilidade não passaria tão cedo.

Senti conforto ao pensar no Salmo 65:

Ó Deus, nosso salvador.
Vós sois a esperança dos confins da terra
    e dos mais longínquos mares.
Vós que, com a vossa força, sustentais montanhas,
    cingido de vosso poder.
Vós que aplacais os vagalhões do mar,
    o bramir de suas vagas
    e o tumultuar das nações pagãs.
À vista de vossos prodígios,
    temem-vos os habitantes dos confins da terra.
(Versículos 5–8)

Essa última linha diz tudo. Sinto que estou lá — literalmente nos confins da terra — e, de fato, em temor. E me sinto mais calmo agora, lembrando que minha vida está nas mãos Daquele que "sustenta as montanhas".

Ao chegar no fim da viagem de meia hora, o helicóptero circula e aterrissa em um pequeno planalto nivelado em um local chamado Bumthang. Ansioso para começar sua viagem de retorno, o piloto mantém os rotores girando. "Saiam, peguem seus equipamentos e vão para a lateral", grita.

Um por um, agachados e, com as cabeças baixas, saímos do helicóptero agarrando nossas mochilas. Assim que todos estão em segurança, vemos o grande pássaro de metal alçar voo descendo o vale, desaparecendo rapidamente de nossas vistas. O som do helicóptero desaparece e é substituído pelo silêncio. Ficamos parados, totalmente cativados pela grandeza que nos rodeia.

"O que você acha?", Aaron quebra o silêncio, com um sorriso intencional.

Este pastor dificilmente fica sem palavras, mas neste momento eu fiquei.

Omeletes e Chai

Mas não fiquei quieto por muito tempo, depois de sentir um vento frio e cortante, disse: "Acho que estou com frio! Muito frio!"

A cabine aquecida do helicóptero nos protegeu da percepção do que acontecia durante o voo. A temperatura caiu de levemente fria para congelante. Também deveríamos ter notado que quanto mais subíamos, mais neve cobria o chão.

"É, está frio!", disse Aaron, com uma risada. "Aproximadamente -10° Celsius — ou 14 Fahrenheit!"

Eu começo a torcer que minhas botas realmente sejam à prova d'água quando meus pés desaparecem e afundo até as canelas em um mar de neve branca imaculada. Também estou feliz de estar vestido em camadas.

Estamos vestidos da seguinte forma:

- parte inferior: meias de lã, ceroulas e calças à prova d'água
- parte superior: camiseta segunda pele de base, camiseta de mangas compridas, uma down jacket [jaqueta forrada com penas] e uma hardshell [jaqueta de isolamento] para nos manter secos devido à neve e à chuva
- cabeça e mãos: touca e luvas de inverno

Com nuvens de vapor saindo de nossas bocas, pegamos nossas mochilas e caminhamos 182 metros até uma casa de chá em uma vila próxima. É uma construção de madeira marrom com dois cômodos pequenos: um com uma mesa e banquinhos, e o outro é a cozinha. A casa de chá não é tão quente — o único aquecimento vem do fogo da cozinha — mas é um abrigo bem-vindo do vento.

Assim que entramos e nos sentamos em volta da mesa, o anfitrião nos cumprimenta. Aaron pede pão e um omelete, que aqui é um ovo frito, para cada um de nós. Enquanto esperamos, o anfitrião nos serve um chá masala (que os ocidentais chamam de chai). Alguns o adoram, outros não. Eu sou da segunda categoria, mas a essa altura eu beberia qualquer coisa quente.

Enquanto esperamos a comida, Aaron prepara o terreno da jornada. "Certo", começa, "estou muito animado pelo seu tempo nessas trilhas. Quando decidi pela primeira vez convidar pessoas até aqui, honestamente, fiquei hesitante porque este lugar não é para qualquer um. Vocês ficarão chocados com algumas das coisas que verão. Mas existem acontecimentos únicos nos nossos corações quando estamos nessas montanhas, então estou muito feliz que tenham vindo".

Ao nos sentarmos e bebermos nosso chá, Aaron nos conta sobre sua primeira viagem aos Himalaias. "Vinte anos atrás eu vim para cá com alguns amigos da faculdade. Só queríamos caminhar, absorver tudo e ser hippies da montanha por um tempo. Comecei a subir a montanha, mas na nossa primeira parada para descansar, vi uma necessidade humana física e espiritual que nunca encontrara antes. Compartilharei detalhes mais tarde, mas fiquei tão atordoado pelo que vi que não consegui dormir. Chorei a noite toda. Na manhã seguinte, disse aos meus amigos que não seguiria em frente. Peguei minha mochila e desci a montanha. Eu não tinha certeza do quê, mas sabia que tinha que fazer alguma coisa para ajudar essas pessoas. É uma longa história, mas desde então tenho trabalhado para satisfazer essas necessidades com a esperança de Jesus."

"Você pode nos contar um pouco sobre o que viu que o marcou tanto?", pergunta Sigs.

"Claro. A região em que estamos agora tem cerca de 9 milhões de pessoas. Desses 9 milhões, provavelmente há menos de 100 seguidores de Jesus. A realidade é que a maioria das pessoas nunca ouviu falar dele. Foi nesta área que nasceu o hinduísmo e o budismo, o cristianismo quase não é encontrado."

"Incrível", diz Chris. "E pensar que depois de 2 mil anos o evangelho ainda não chegou até as pessoas dessas vilas."

"Essa é a condição espiritual", diz Aaron. "Essas pessoas também são extremamente pobres e desfavorecidas. Quando vim aqui pela primeira vez, descobri que metade das crianças morria antes do oitavo aniversário. Muitas não chegavam a completar nem um ano."

Metade das crianças? Todos nós balançamos as cabeças. Penso em meus filhos — Caleb, Joshua, Mara e Isaiah. Eu os amo tanto. Não consigo imaginar perder dois deles. Isso seria como se Caleb ou Joshua já tivessem morrido e Mara ou Isaiah fossem morrer a qualquer momento. Um dos meus maiores medos é perder um de meus filhos — não consigo compreender isso ser uma expectativa real.

Nosso anfitrião da casa de chá traz a comida, colocando um prato para cada um. Mas hesitamos em comer, ainda solenes com as palavras de Aaron sobre as crianças. Eu não tenho muita fome.

"Vocês todos precisam comer", diz ele, "e eu compartilharei mais um pouco mais tarde. Só quero que estejam preparados para o que verão. Há muita necessidade aqui".

Seguindo seu conselho, todos nos forçamos a comer os ovos e um pouco de pão.

Aaron tem razão. Nenhum de nós sabe o que estamos prestes a encarar na primeira vila na qual entraremos.

Cegueira

"Coloque os óculos de sol", diz Aaron, ao colocarmos nossas mochilas nas costas do lado de fora da casa de chá. Ele aponta para o céu azul e para o sol brilhante. "Pelo jeito que o sol está refletindo na neve, sem os óculos de sol vocês logo ficarão cegos."

"Você está falando sério, Aaron?", pergunto.

"Sim, isso é chamado de cegueira da neve, parece uma queimadura nos olhos. E, assim como uma queimadura, quando notar os sintomas já será tarde demais. Você pode ficar com pontos cegos ou totalmente cego por um ou dois dias... ou permanentemente."

Com os outros, coloco os óculos sobre meus olhos enquanto começamos a caminhar pela trilha. Eu uso a palavra *trilha* livremente, porque parece mais como se nós estivéssemos fazendo nosso próprio caminho na neve. Mas é magnífico. Estamos cercados de picos cobertos de neve por todos os lados.

A montanha à direita tem cerca de 8 mil metros. Para dar uma perspectiva, estamos caminhando a aproximadamente 4 mil metros, que é pouco menos que a altura do Pico Pikes no Colorado. Então, bem ao nosso lado, vemos uma montanha que é como se fosse um Pico Pikes em cima de outro!

Depois de subir e descer diversas elevações pequenas, em mais ou menos 500 metros chegamos a uma vila com algumas casas. Ao entrarmos, um homem sai de sua casa. Ele veste uma camiseta bege esfarrapada e uma jaqueta marrom rasgada com buracos que sem dúvida impedem que cumpra seu propósito. Seus cabelos pretos, sua barba grisalha e sua pele áspera cor de bronze parece que não são lavados há semanas. Mas não são esses atributos que chamam atenção. Noto que ele não tem um olho.

Aaron o cumprimenta no idioma local e o homem, de voz extremamente mansa, murmura uma resposta olhando para baixo com seu único olho.

"Qual é o seu nome?", pergunta Aaron, pedindo para que Nabin traduza. Embora Aaron conheça bastante do idioma local, Nabin é originalmente dessas vilas e também é fluente em inglês, fazendo com que a comunicação seja muito mais tranquila e precisa.

O homem olha para nós. E, ao olhar em seus olhos, posso ver seu crânio.

"Kamal", responde ele, cobrindo o buraco em seu rosto com algo parecido com uma bola de algodão.

Depois de alguns minutos jogando conversa fora com Nabin traduzindo, Aaron diz a Kamal: "Posso perguntar o que aconteceu com seu olho?"

Mais uma vez olhando para baixo, Kamal responde: "Alguns meses atrás ele infeccionou. No início coçava e lacrimejava. Não achei que era grave, mas aí piorou. Senti uma dor de cabeça forte. Ela não parou por muitos dias. Finalmente, meu olho caiu."

Aaron faz mais perguntas e Kamal compartilha como sua bochecha está caindo e sua audição, falhando. Enquanto ouvimos, percebemos o que está acontecendo. Sem remédios disponíveis por perto, Kamal tem uma infecção que está tomando conta de toda a sua cabeça e pode até matá-lo.

Aaron muda a conversa para uma direção mais espiritual e pergunta: "Você já ouviu falar de Jesus?"

Kamal o olha confuso. "Não, o que é isso? Nunca ouvi esse nome." É como se tivessem lhe perguntado sobre um homem que ele nunca conheceu que mora em uma vila próxima.

Aaron começa a contar a história de Jesus, mas Kamal parece confuso com a relevância desse homem que viveu 2 mil anos atrás. Quando Aaron termina, Kamal só olha para baixo e diz baixinho: "Eu preciso de ajuda com o meu olho."

Aaron tem feito parte de uma iniciativa de abertura de uma clínica mais para frente na montanha e diz a Kamal que fará de tudo para conseguir ajuda.

"Posso rezar por você?", pergunta Aaron a ele.

Embora obviamente ainda confuso, Kamal diz que sim.

Ficando de joelhos na neve, tremendo de frio, nos reunimos em volta de Kamal e oramos a Deus para que o ajude — em nome de Jesus.

Rezando com Fé

Mas até nossas orações parecem vazias. Pelo menos para mim. Sei que não deveria, porque sei que a oração é importante. O que poderia ser mais valioso do que falar com Deus em nome de Kamal? Mas é só isso — até quando dizemos amém não consigo evitar a falta de fé em meu coração de que as palavras que acabamos de proferir farão alguma diferença.

Rezar realmente parecia ser a coisa certa a se fazer, mas ao orarmos, eu não o fiz com a fé real de que Deus milagrosamente curaria Kamal na hora. E, sinceramente, não tenho certeza de que tive muita fé de que as coisas algum dia mudariam para ele. É uma sensação de muito vazio rezar por alguém quando, no fundo, não acreditamos que adiantará para alguma coisa.

Certamente não é assim que as orações funcionam. Ensino isso o tempo todo. Então por que tenho essas dúvidas escondidas em minha mente e em meu coração?

Desencorajado no momento pela minha sensação de fé vazia, sou motivado pela imagem totalmente diferente que vejo em Aaron. Ao caminharmos, ele nos conta mais sobre a clínica que abriu mais adiante na trilha. Lá, diz ele, Kamal terá a chance de obter ajuda médica enquanto também ouve mais sobre Jesus. Ou seja, eu vejo em Aaron a imagem de alguém que acredita no que acabou de orar — que acabamos de falar com o único e verdadeiro Deus, que tem todo o poder do universo para ajudar

Kamal. Aaron acredita tanto nisso que está à disposição de Deus para ser o meio pelo qual suas orações são atendidas. Quero rezar com essa fé — não só falar sobre rezar dessa forma.

Necessidades Urgentes

Saindo da vila de Kamal, a trilha se estreita de maneira significativa. Não mais no planalto, caminhamos pela encosta. É assustador olhar para a esquerda e ver uma queda íngreme no cânion profundo. Escorregar agora significa uma longa queda e nada de viver para contar a história.

Nessas montanhas, em uma trilha como essa, é impossível andar ao lado de outro companheiro. Ao caminhar em fila única, concentrando-se em seus próprios passos, uma conversa significativa com qualquer outra pessoa fica fora de questão, então me vejo sozinho com meus próprios pensamentos. Ao refletir sobre o que acabei de testemunhar na vila, bem como sobre o que Aaron disse ao partirmos, percebi que essa era a definição perfeita de "necessidade física e espiritual urgente". No âmbito físico, Kamal está se aproximando da morte aparentemente sem ajuda por perto; e, no espiritual, até vinte minutos atrás, nunca ouvira falar o nome do único com poder de salvá-lo de seus pecados e da morte.

Vejo-me pensando: *as necessidades físicas e espirituais são igualmente urgentes? Qual é a maior urgência de Kamal?*

Certamente poderíamos dizer que sua necessidade mais urgente é o cuidado médico. O que ele mais precisa agora não é de uma história sobre Jesus, mas da ajuda de um médico. Ainda assim, outros poderiam dizer que ouvir sobre Jesus é sua necessidade mais urgente. Afinal de contas, a missão da igreja é formar discípulos, não satisfazer necessidades físicas, não é? Naquele momento da trilha, me pareceu que ambas as necessidades eram urgentes e nenhuma podia ser ignorada. Se ignorássemos as duas, então, talvez nós é que fôssemos cegos.

Surto de Cólera

Depois de algum tempo, a trilha se amplia e se afasta da encosta. Isso facilita que as pessoas caminhem umas com as outras. Ou façam paradas para conversar com aqueles que vêm do outro lado da trilha.

É exatamente isso que acontece quando Aaron vê um homem carregando seu filho de um ano pela trilha. Assim que se veem, sorriem e se cumprimentam com um abraço. Aaron para nossa equipe e nos apresenta: "Este é Sijan, o nome do seu filho é Amir."

Todos já aprendemos o cumprimento local, então dizemos oi no idioma local enquanto sorrimos e fazemos uma pequena reverência com a cabeça.

"Sijan e Amir são de uma vila subindo a trilha para lá", diz Aaron, apontando para uma encosta à esquerda. "Há menos de um ano, logo depois que Amir nasceu, sua vila teve um surto de cólera. Não sei o quanto vocês sabem sobre cólera, mas é uma doença potencialmente mortal causada pela ingestão de água e alimentos contaminados pela bactéria."

Isso me lembra que Aaron nos avisou mais cedo sobre beber apenas chá quente — fervido —, caso contrário apenas água filtrada de nossas garrafas.

"Pessoas que ingeriram água e alimentos contaminados experienciaram diarreia e grave desidratação", continua Aaron. "A cólera é fácil de tratar se houver a medicação correta. As pessoas podem tomar uma solução de reidratação combinada com antibióticos e mais de 99% delas se recuperam bem. Porém, se não tratada, crianças ou adultos podem morrer em poucos dias, e, às vezes, em poucas horas."

Aaron faz uma pausa, olha intencionalmente para Sijan e Amir, respira fundo e continua: "Foi isso que aconteceu na vila de Sijan. Devido à falta de saneamento e à água poluída, as pessoas foram infectadas com cólera e ela se espalhou com uma velocidade impressionante. Eles não foram tratados e, em poucas horas, pessoas de todas as idades na vila sofriam com isso. Apenas alguns dias depois, sessenta pessoas já haviam morrido."

Ficamos boquiabertos. Você consegue imaginar sessenta pessoas na vizinhança morrendo de diarreia em dois dias, incluindo várias da sua própria família?

"Quase todas as casas foram afetadas", conta Aaron. "Aqueles sessenta mortos incluíram dois dos filhos de Sijan — a irmã e o irmão mais velhos de Amir."

Como se isso já não fosse bem pesado, Aaron termina a história. "Em decorrência do surto, a esposa de Sijan — mãe de Amir — entrou em depressão e perdeu as esperanças. Não conseguiu superar a perda de dois de seus três filhos, além de tantos amigos e familiares. Então, um dia a esposa de Sijan pegou uma corda, encontrou uma árvore e se enforcou."

Aaron nos conta essa história em inglês, e nós olhamos para Sijan. Ele não entende o que está sendo dito, então não presta muita atenção em Aaron. Ele olha para o rosto de seu filho enquanto o segura nos braços. Um ano antes, ele tinha uma esposa e três filhos em casa. Agora está sozinho com o filho mais novo.

"Nos dias que se passaram depois que a esposa de Sijan morreu", diz Aaron, "ele levou Amir a diferentes mulheres da vila que o amamentaram e o mantiveram vivo".

Ouço essa história e observo esse pai e esse filho cujas vidas foram mudadas para sempre e me lembro de um artigo que li sobre 725 mil casos de cólera no Iêmen em que a Organização Mundial da Saúde chamava de "o pior surto de cólera do mundo".* De pé nesta trilha, percebo de uma nova forma que esses casos de cólera não são apenas números; são pessoas como Sijan e Amir. Esses menininhos e seus pais, mães e suas filhas, e avós que estão morrendo de doenças evitáveis. Como medimos a urgência dessa necessidade?

Antes de sair nessa empreitada, um de meus filhos me fez uma pulseira para que eu trouxesse comigo para dar a uma criança que conhecesse. Obviamente sei que ela não é a maior necessidade do pequeno Amir, mas eu ainda quero dar a ele e a seu pai algo que lhes mostre que algumas pessoas do outro lado do mundo se preocupam com eles. Então pego a pulseira e, com Aaron traduzindo para Sijan, digo: "Meu filho fez essa pulseira para o seu filho. Eu quero dá-la a você, e quero que saiba que minha família vai orar por vocês."

Sijan pega a pulseira, sorri e coloca no pulso de seu filho. Enquanto vejo Amir tentar entender o que é uma pulseira, Aaron e Sijan conversam um pouco mais. Então nos despedimos e começamos a caminhar novamente pela trilha.

---

* "Yemen: Cholera Response", *Emergency Operations Center, Situation Report Nº. 5,* 24 de setembro de 2017, www.emro.who.int/images/stories/yemen/the_emergency_operatios_center_sitrep-5-English.pdf?ua=1 [conteúdo em inglês].

Aaron está ao meu lado e diz: "Assim que ouvimos falar desse surto de cólera, rapidamente trouxemos alguns filtros de água limpa. Também trouxemos um sistema de saneamento de água para a vila de Sijan e conseguimos alguns cuidados de saúde específicos para o pequeno Amir."

"Isso é fantástico, Aaron", digo. Enquanto seguimos em frente, fico grato por estar caminhando com alguém que faz algo concreto em relação às necessidades urgentes.

Acorrentado em um Celeiro

Ocasionalmente, pelo caminho, paramos para beber ou encher nossas garrafas de água, agora mais conscientes do que antes sobre o quanto a água limpa é crucial. E somos mimados, para dizer o mínimo. Cada um de nós tem algum tipo de sistema de filtragem em nossas mochilas. Chris e Sigs puxam uma bolsa, enchem-na de água e então rosqueiam um filtro especial na parte de cima dela. Depois apertam a água para fora da bolsa pelo filtro em suas garrafas. O meu filtro é embutido na garrafa, então, apenas coloco minha garrafa dentro do riacho para enchê-la, tampo e bebo diretamente do bocal de filtro. E, dessa forma simples, estamos protegidos de todos os tipos de bactérias.

Na vila de Sijan, filtros simples como esses teriam salvado sessenta pessoas, incluindo três membros de sua família.

A essa altura estamos tentando nos manter hidratados, e subir e descer essas trilhas em altitudes elevadas está definitivamente queimando qualquer caloria ingerida pelo pequeno ovo e pão que cada um comeu poucas horas antes.

Já é quase hora do almoço, e estamos ansiosos para comer e fazer uma pausa da caminhada. Entrando na vila seguinte, encontramos outra casa de chá, largamos nossas mochilas e nos esprememos para dentro em busca de calor, água e comida.

Aaron pede chá, pão e *dal*, uma sopa feita de lentilhas e temperos. Ao nos sentar em volta da mesa para esperar a comida, Chris se vira para Nabin, nosso intérprete, e pergunta: "Nabin, você nasceu e foi criado nessas montanhas incríveis. De onde você é exatamente, e como foi crescer aqui?"

Nos minutos seguintes, o que Chris achava que seria uma conversa curta e casual, enquanto esperávamos nossas refeições, se transformou em uma percepção longa e preocupante de como a vida realmente é por aqui. Nabin, apesar de ser um jovem de 20 anos com aparência dura, é humilde e tem a voz suave. Falando lentamente e com intensão, diz: "Cresci perto daqui. Quando era muito novo, minha mãe morreu e isso foi difícil para mim e para meu pai. Ele ficou com muita raiva. Então, um dia meu pai conheceu outra mulher e, pouco tempo depois, decidiu se casar com ela. Minha madrasta tinha seus próprios filhos e não gostava de mim. Meu pai passou a não gostar de mim também e começou a me bater. Ele pegava uma vara quente do fogo e açoitava minhas costas."

Enquanto Nabin continua, Aaron se inclina e sussurra: "Ele ainda tem marcas nas costas inteiras por causa do pai."

Isso é chocante. Nunca poderia imaginar que Nabin tivesse tido uma infância assim e que sua camisa puída ocultasse tais cicatrizes.

"Um dia, decidi que não aguentava mais e fugi de casa para as montanhas", diz Nabin.

"Quantos anos você tinha quando fez isso?", perguntei.

"Mais ou menos 7 anos."

Fiquei chocado. Tento imaginar um de meus filhos com 7 anos fugindo para as montanhas, sozinho e com medo. Com mais medo de seu pai — eu — do que de qualquer perigo nas montanhas.

"Eu fiquei bem por alguns dias, até que meu pai me encontrou", continua Nabin, "e esse não foi um dia bom. Ele me pegou pelos pés e começou a bater meu corpo contra as pedras. Depois de me surrar, me levou de volta para casa, mas eu não podia mais morar nela. Ele e minha madrasta me acorrentaram no celeiro do lado de fora, e era lá que eu ficava".

"Por quanto tempo você ficou acorrentado no celeiro?", pergunta Chris.

"Até Aaron me encontrar."

Nessa altura da história de Nabin, nossa comida chega. A anfitriã posiciona cuidadosamente tigelas ferventes de sopa de lentilha à nossa frente. No meio da mesa, ela coloca uma pilha de *roti*, um pão achatado popular nesta parte do mundo. Aaron reza, agradecendo a Deus pela comida, e então começamos a comer enquanto ele continua a contar a história de Nabin.

"Um dia, eu estava caminhando por esta área, estava ficando tarde, e eu precisava de um lugar para ficar, então parei em uma vila e subi até uma casa aleatória. Perguntei se tinham algum quarto para que eu pudesse passar a noite. Eles me disseram que não, mas se eu quisesse, poderia ficar no celeiro. Isso era melhor do que nada, então fui até lá, abri a porta, entrei e a fechei. Larguei a mochila, desenrolei meu saco de dormir e o coloquei no chão; tirei meus sapatos e entrei nele.

"Mas assim que entrei no saco de dormir, ouvi um barulho. Achei que os animais estivessem em uma área separada, mas pensei imediatamente: *tem algum tipo de bicho aqui comigo*. Então saí do saco de dormir, liguei minha lanterna e comecei a observar aquela parte do celeiro. Mas não vi nenhum animal enquanto passava a lanterna. Encontrei os olhos de um menino de 8 anos me encarando."

Chris e eu trocamos olhares. Isso era inacreditável.

"Infelizmente", explica Aaron, "isso não é incomum por aqui. Não é novidade que pais mantenham seus filhos no celeiro. Geralmente isso ocorre quando uma criança tem algum tipo de deficiência ou deformidade. Muitos aldeões acreditam que essas crianças são amaldiçoadas e não querem a maldição dentro de casa. Uma criança deficiente que encontramos ficara acorrentada no celeiro com os animais por dez anos. Então, mesmo tendo ficado assustado por ter outra pessoa no celeiro comigo, não me choquei por ser uma criança".

"O que você fez?", pergunta Sigs.

Nabin volta para a conversa. "Ele cuidou de mim", diz. "Ele me ajudou a encontrar uma casa onde eu fosse cuidado e poderia ir para a escola e aprender sobre o amor que Deus tem por mim."

Olhamos para Aaron, que está desconfortável pelo foco ter mudado para ele.

"Deixe-me contar mais sobre Nabin", diz ele. "Há pouco tempo, ele estava subindo pelas montanhas e encontrou seu pai, que descia a trilha com um de seus enteados que estava doente. O pai de Nabin perguntou se ele poderia subir a montanha e cuidar de sua esposa, a madrasta, enquanto ele conseguia ajuda para o enteado. Isto é", diz Aaron enfaticamente, "o pai que surrara e queimara Nabin pediu que ele cuidasse da madrasta que o quis acorrentado fora de casa no celeiro".

"O que vocês acham que Nabin fez?", pergunta Aaron.

Estamos todos chocados com a história. Ninguém parece querer adivinhar, então Aaron responde: "Nabin subiu a montanha e ficou com a madrasta, cuidando dela pessoalmente nos três meses seguintes até que seu pai voltasse para casa."

Nabin, agora realmente desconfortável com a atenção dirigida a ele, diz para Aaron: "Deveríamos voltar para a trilha. Temos um longo caminho a percorrer antes de escurecer."

Havíamos terminado o almoço, então parecia uma boa hora para seguir em frente. Mas eu olho para Nabin com novo fascínio e respeito. Enquanto ele nos leva para fora da casa de chá, tenho uma perspectiva mais profunda de como é crescer nessas montanhas.

Perguntas sem Respostas

Não entendo. Na tarde em que finalizamos a caminhada, estou atrás dos outros na trilha e me vejo sozinho totalmente confuso. Sou um pregador e um pastor que deveria ter respostas, mas nesse momento não tenho nada além de perguntas sem respostas. Este mundo, e minha vida nele, não fazem sentido para mim.

Eu não entendo por que nasci em uma família em que meu pai me amou e cuidou de mim, enquanto Nabin nasceu em uma família em que seu pai lhe batia e queimava. Não entendo por que desde o dia em que nasci tenho água, comida e vacinas de que precisei para me proteger de doenças evitáveis, enquanto, atualmente no mundo, 20 mil crianças morrerão porque não têm essas coisas disponíveis para elas. Sei que existe um Deus, e sei que ele controla todas as coisas, mas por que eu recebi tantas bênçãos quando tantos outros não as têm?

Certamente não foi por nada que fiz. Eu não tinha nada a ver com o local em que nasci. E nem você, certo? Então por que nascemos em um local em que temos quase tudo o que queremos enquanto milhões, se não bilhões, de Sijans, Amirs e Nabins não têm tudo de que precisam?

Nas horas seguintes, caminho alguns metros com meus pés, mas não chego a lugar algum em minha mente. *Eu não entendo. Deus me ama mais do que ama os homens, as mulheres e as crianças nestas vilas? Se sim, por quê? Se não, qual é a razão por trás de eu estar caminhando por essas trilhas com pernas saudáveis em vez de ter nascido deficiente e ter sido acorrentado em um celeiro como um animal?*

Parte de mim quer parar e sentar, pensar e rezar, então fico aliviado quando alcanço o grupo na vila seguinte. Eles estão todos sentados com as mochilas ao lado, mas quando estou chegando e Aaron começa a compartilhar, não é alívio que encontro.

Filhas Perdidas

Aaron me estimula a largar a mochila com os outros, pegar um pouco de água e encontrar uma pedra para me sentar enquanto ele compartilha algo significativo sobre essa nova vila.

"A vila que estamos prestes a entrar tem um bom tamanho. É o lar de cerca de duzentas pessoas, mas ao caminharmos por ela quero que percebam uma coisa. Notem a falta de meninas na vila entre as idades de 12 e 20 anos. O motivo é: a maioria das jovens daqui foram traficadas nos últimos 5 anos mais ou menos, muitas vezes começando pelas de 7 anos, até mais ou menos 15 anos. Mais especificamente, elas foram vendidas para serem escravas sexuais."

Aaron continua explicando como a indústria do tráfico funciona. "É extremamente organizada. Os traficantes sabem o tamanho da pobreza nestas vilas, e vêm procurando casas de jovens em famílias com dificuldades para sobreviver. Essas casas não são difíceis de encontrar.

"Os traficantes fingem ser homens bondosos procurando ajudar essas famílias. Prometem aos pais que, se enviarem uma filha para descer a montanha com eles até a cidade, eles a ajudarão a conseguir um bom trabalho no qual poderá trabalhar não só para se sustentar, mas também para enviar dinheiro montanha acima a fim de sustentar a família. Os traficantes prometem que as trarão de volta periodicamente para visitar e trazer o dinheiro que elas ganharam. Como sinal de sua promessa, eles dão aos pais da menina o equivalente a cerca de cem dólares, uma soma considerável [cerca de seis meses de renda] para uma família desesperada em uma dessas vilas. Com essas promessas e esse sinal, as famílias confiam suas filhas aos cuidados desses homens."

"Depois de um tempo as famílias não percebem que os traficantes estão mentindo — quando as meninas não voltam?", pergunto. Fico arrasado com o que ouço.

"Essa é uma boa pergunta", responde Aaron. "Mas a pobreza faz com que os pais façam coisas desesperadas. E eles acreditam, sinceramente, que suas filhas estarão melhor do que aqui."

Todos nós da equipe nos olhamos e balançamos a cabeça. Isso é difícil de acreditar.

Aaron prossegue. "Depois de uma triste despedida, essas meninas são escoltadas montanha abaixo e contrabandeadas pelas barreiras alfandegárias até a cidade. Algumas ficam lá na capital, outras são transportadas para outras cidades e países, e nunca mais voltam.

"As que ficam na capital são colocadas para trabalhar no que chamam de restaurante de cabine. As cabines são como cubículos, com estruturas de madeira que vão do chão até o teto. E elas ocultam cenas de terror além do que qualquer um de nós gostaria de imaginar."

Eu quase peço para Aaron parar. Isso é tão difícil.

"Um homem entra em um restaurante de cabine, pega uma dessas preciosas meninas pela mão, leva até a cabine, come com ela, bebe com ela e usa seu corpo do jeito que quiser, seja na cabine ou em um quarto no andar de cima.

"E então outro homem fará a mesma coisa.

"E outro homem.

"E outro.

"E mais um.

"De vez em quando de quinze a vinte homens usam uma dessas meninas no mesmo dia."

Aaron para. Agora todos estamos olhando em direção à vila, profundamente inquietos pelo que acabamos de ouvir.

Tenho uma filha de 8 anos. Enquanto sento nessa pedra, não consigo imaginar isso acontecendo com ela. *Nem* quero imaginar. Mas essa é uma liberdade que eu tenho e essas meninas não têm. Essa é a vida delas. Essas meninas que costumavam subir e brincar nessas pedras sobre a qual estou sentado já não estão mais aqui, e nunca voltarão para suas famílias.

Ao nos levantar e começar a caminhar pela vila, olhamos em volta e, como Aaron previra, quase não há meninas dessa faixa etária. No que parece uma vila silenciosa, eu me vejo gritando por dentro: *por que, Deus? Se tens o controle de todas as coisas, por que deixaria isso acontecer? Por que não salva essas meninas da escravidão? Por que não ceifou cada um desses traficantes?*

Eu não entendo. Enquanto caminhamos e saímos da vila, eu não entendo o porquê.

Nem entendo o *significado*. Não compreendo o que isso significa para a minha vida. Certamente deve representar alguma coisa. Com certeza não devo ver e ouvir essas coisas e então seguir minha vida normal. *Mas o que posso fazer?*

Essa pergunta monta o cenário de mais um encontro, que pessoalmente me abala ainda mais.

O Rosto da Fome

A caminhada de uma hora depois da última vila é silenciosa. Todos nos alinhamos na trilha, ponderando o que acabamos de ouvir e testemunhar (ou, mais precisamente, o que não testemunhamos). Pensamentos e emoções giram em minha mente e em meu coração. No meio de tudo isso, sinto uma tensão desconfortável. Por um lado, só quero que esses pensamentos e emoções desapareçam. Quero estar em casa, onde não tenho que pensar em uma vila saqueada por traficantes sexuais. Isso parece realidade demais. De certa forma, só quero enfiar a cabeça na areia e fingir que nunca vi ou escutei o que acabei de experienciar. É como um pesadelo e eu só quero acordar e perceber que nada disso é verdade.

Por outro lado, quero fazer alguma coisa. *Agora!* Quero encontrar um traficante descendo a montanha com uma menininha, impedi-lo e levá-la de volta para casa. Ou quero descer correndo as montanhas e resgatar o máximo de meninas que puder. Mas não sei como. Todos ouvimos que as soluções para o tráfico sexual são complicadas e que há modos sensatos e imprudentes de lutar contra isso.

Independentemente do que parece, *eu só quero fazer alguma coisa.*

Essa tensão que sinto prepara o cenário para a última vila pela qual passamos hoje, uma muito menor do que a anterior. Ela é estranha e razoavelmente silenciosa, e poucas pessoas passeiam. A maioria dos adultos, provavelmente, ainda está trabalhando nos campos nas encostas. Olho para o lado esquerdo e vejo uma fila de mais ou menos dez casas de um ou dois cômodos feitas de madeira empilhada. Do lado de fora de cada uma há uma pilha de lenha usada para cozinhar e se aquecer. A neve cobre tudo o que está visível. Logo depois que entramos na vila, dois meninos e uma menininha, cada um com cerca de 8 anos, saem correndo de uma casa para nos cumprimentar. O rosto da menininha é particularmente motivador de ver, dado as que não existiam na vila anterior.

Claramente, todos os três são pobres e estão mal nutridos. Seus rostos estão cobertos de sujeira e suas roupas estão gastas. Mas têm sorrisos iluminados e a menininha segura minha mão para caminhar ao meu lado. Enquanto andamos, penso na minha filha, Mara, que adotamos de uma parte da Ásia não muito longe daqui. Incapaz de falar o idioma dessa menina, sorrio para ela enquanto caminhamos de mãos dadas alegremente.

Percebo o quanto ela é magra e suponho que esteja com fome. Também me lembro do que Aaron nos disse antes de sairmos nessa jornada — como nos aconselhou especificamente a não dar comida. Ele e sua equipe estão lidando intencionalmente com necessidades holísticas nessas vilas, incluindo o acesso à água potável e à comida suficiente. Então se uma pessoa começa a entregar comida para uma criança, todas as outras virão correndo para ganhar alguma coisa — e seus pais também. No fim, Aaron e sua equipe descobriram que, em longo prazo, não é benéfico dar esmolas de curto prazo para algumas pessoas aqui e ali, criando mais problemas no processo.

Mas, ao nos aproximarmos do final da vila, minha nova amiga — sorrindo e segurando minha mão — estica a outra mão, como se pedindo algo para comer. Eu tenho barras de proteína e uma mistura de frutas secas e nozes na mochila e olho para o rosto da menininha que precisa muito mais dessa comida do que eu. Lembro-me das instruções que recebi e começo a chacoalhar a cabeça de leve sem querer dizer não, enquanto tento manter um sorriso no rosto.

Com um olhar de súplica, ela estica novamente a mão e diz algo que não entendo. Imagino que seja algo como: "Por favor, senhor, me dê alguma coisa."

Novamente, balanço a cabeça de leve fazendo o melhor para conseguir sorrir.

Nesse momento ela aumenta a voz e tenta pegar minha mochila. Automaticamente, afasto minha mochila para que ela não consiga tocar. Eu não só não estou dando comida a essa menininha faminta, como também estou física e intencionalmente evitando que ela a pegue.

Durante todo esse tempo ela ainda está segurando minha mão, e nós chegamos ao fim da vila. Os outros da equipe já saíram e preciso alcançá-los, então tento soltar sua mão, mas ela não solta a minha. Ela a aperta — com mais força. Agora não estou apenas afastando minha mochila dela, mas também arranco minha mão dessa criança pobre que caminhou comigo de mãos dadas, sorrindo para mim pela vila toda.

Finalmente, afasto minha mão e a expressão em seu rosto muda rapidamente. Ela me olha com olhos raivosos e desesperados e, de repente, tenta cuspir em mim. Mas não tem umidade suficiente na boca e sua saliva cai em seu rosto. Ao me encarar com seus olhos escuros, olho para ela sem nada a dizer. Cada parte de mim quer lhe dar tudo (ou pelo menos alguma coisa!)

da minha mochila, e ainda assim me viro e vou embora. E não olho para trás.

Caminho rápido, mas não sei porquê. *Do que tenho medo? Estou fugindo de quê? E por que me sinto assim?*

Faço sermões e escrevo livros sobre doar aos pobres. Ofereço o mesmo conselho que recebi sobre não dar a poucos para que muitos não sejam deixados de lado. Até escrevi um prólogo para um livro popular sobre modos sensatos de ajudar pessoas necessitadas sem prejudicá-las. E, mesmo assim, neste momento, nada do que ensinei ou escrevi parece certo, pois nesta trilha vejo em mim uma paralisia trágica ao confrontar a pobreza. Sou muito rápido em dizer que não penso nisso ou naquilo como a forma mais sensata de ajudar os pobres e que não devemos fazer ou doar a este ou aquele projeto por causa dessa ou daquela razão. E, certamente, há um modo de avaliar a sensatez do que fazemos ou de como doamos.

Mas, em algum momento, não precisamos fazer *algo* em vez de correr e não doar *nada*? Com certeza não posso viver sempre arranjando desculpas para o porquê disso ou daquilo não funcionar ou não ser sensato. Eu não deveria descobrir o que funciona e passar a vida fazendo isso?

Horas mais tarde, na casa de chá em que passaremos a noite, não consigo me olhar no espelho. Não consigo olhar para o mesmo rosto que uma preciosa menininha faminta — com saliva na bochecha — viu antes de eu arrancar minha mão e correr com uma mochila cheia de comida. Não quero ver nesse espelho um homem que consegue falar tão primorosamente sobre cuidar dos pobres e mesmo assim foge correndo de fazê-lo.

Uma Perspectiva Eterna

Exausto de todas as formas possíveis, tentando permanecer aquecido no ar congelante, me aconchego no saco de dormir. Com minha lanterna de cabeça, leio versículos dos capítulos 4–6 em Lucas, começando com este anúncio surpreendente de Jesus que parece que Deus planejou que eu lesse neste exato momento:

O Espírito do Senhor está sobre mim,

porque que me ungiu;

e enviou-me para anunciar a boa nova aos pobres,

para sarar os contritos de coração,

para anunciar aos cativos a redenção,

aos cegos a restauração da vista,

para pôr em liberdade os cativos,

para publicar o ano da graça do Senhor. (4:18–19)

Ao ler, escrevo no diário,

Foi para elas que Jesus veio! Para as pessoas nestas montanhas! Em um dia, conheci os pobres, os cativos, os cegos e os oprimidos. Estão todos aqui! E Jesus, você veio para trazer boas novas, liberdade, visão e amor a todas elas! Então por que elas não têm nada disso!

Ó Deus, eu tenho tantos "por quês" depois de hoje. E não sei as respostas. Também tenho muitos "o quês". O que devo fazer face a tais necessidades? Correr certamente não é a resposta. Senhor Jesus, quero que sua vida em mim traga boas novas para os pobres, liberdade aos cativos, recuperação da vista aos cegos, libertação aos oprimidos e seu auxílio face às necessidades físicas urgentes.

Estando ele numa cidade, apareceu um homem cheio de lepra. Vendo Jesus, lançou-se com o rosto por terra e lhe suplicou: "Senhor, se queres, podes limpar-me."

Jesus estendeu a mão, tocou-o e disse: "Eu quero; sê purificado!" No mesmo instante desapareceu dele a lepra. Ordenou-lhe Jesus que o não contasse a ninguém, dizendo-lhe, porém: "Vai e mostra-te ao sacerdote, e oferece pela tua purificação o que Moisés prescreveu, para lhes servir de testemunho."

Entretanto, espalhava-se mais e mais a sua fama e concorriam grandes multidões para o ouvir e ser curadas das suas enfermidades. Mas ele costumava retirar-se a lugares solitários para orar. (5:12–16)

Isso é necessidade física urgente. A lepra não era só uma doença nessa história; ela era uma infecção fatal. Quem a tinha precisava avisar as pessoas à sua volta para que não se aproximassem. A lei judia proibia tocar em leprosos. Então é assustador ver esse homem se aproximar fisicamente de Jesus. Mas o mais chocante é a resposta de Jesus. Ele não somente fala; Ele faz o que os outros nunca fariam. Jesus o toca. Em vez de correr dele como todo mundo, estende os braços como mais ninguém.

Ó Deus, eu não quero fugir daqueles com necessidades. Quero correr em sua direção. Por favor, Ó Senhor, perdoa-me por todas as formas como fujo dos necessitados em vez de correr até eles!

Mas ai de vós, ricos,

porque tendes a vossa consolação!

Ai de vós, que estais fartos,

porque vireis a ter fome!

Ai de vós, que agora rides,

porque gemereis e chorareis!

Ai de vós,

quando vos louvarem os homens,

porque assim faziam os pais deles

aos falsos profetas! (6:24-26)

Jesus está prometendo uma grande mudança aqui. Na eternidade, muitas pessoas se verão em uma condição oposta de sua situação terrena. Essa é uma perspectiva assustadora para os ricos que ignoram os pobres. E eu sou rico.

Então, Deus, por favor, ajude-me a não ignorar os pobres. Por favor, ajude-me a viver com uma perspectiva eterna. Por favor, ajude-me a viver com seu amor pelos fisicamente pobres, os famintos e os sofredores.

Ó Deus, oro pelos pobres que conheci hoje. Por favor, ajude-os! E rezo para que faça de minha vida um meio pelo qual essas orações sejam respondidas.

Reflexões

O que nesse dia de jornada faz seu coração doer mais? Com quais perguntas você têm mais dificuldade face à necessidade física urgente?

Alguma vez você já se afastou de alguém com uma necessidade física urgente? Por quê? Se encontrasse uma situação similar no futuro, como poderia responder de forma diferente?

Dia 3: **Quebradores de Corpos e Chá de Manteiga**

Poder Solidário

Quando acordamos cedo em um saco de dormir bem quentinho e sabemos que está totalmente congelante do lado de fora, ficamos felizes em continuar deitados um pouco mais do que o normal.

Então pego minha Bíblia novamente, e antes de começar o dia, leio,

> No dia seguinte dirigiu-se Jesus a uma cidade chamada
> Naim. Iam com ele diversos discípulos e muito povo.
> Ao chegar perto da porta da cidade, eis que levavam

um defunto a ser sepultado, filho único de uma viúva; acompanhava-a muita gente da cidade. Vendo-a o Senhor, movido de compaixão para com ela, disse-lhe: "Não chores!" E aproximando-se, tocou no esquife, e os que o levavam pararam. Disse Jesus: "Moço, eu te ordeno, levanta-te!"

Sentou-se o que estivera morto e começou a falar, e Jesus entregou-o à sua mãe. Apoderou-se de todos o temor, e glorificavam a Deus, dizendo: "Um grande profeta surgiu entre nós: Deus voltou os olhos para o seu povo." A notícia deste fato correu por toda a Judeia e por toda a circunvizinhança. (Lucas 7:11–17)

Eis uma mulher que perdera seu marido e agora seu único filho também morrera. Para uma mulher como essa no século I, ela não tinha esperanças. Não tinha mais ninguém da família para sustentá-la. Então Jesus a vê e sente compaixão por ela. E, em sua compaixão, ele vai até o filho da viúva e o ressuscita dos mortos. Jesus transforma a morte em vida.

Jesus, louvo a ti por seu amor pelas pessoas e por sua autoridade sobre a morte.

À sua volta, Jesus foi recebido por uma multidão que o esperava. O chefe da sinagoga, chamado Jairo, foi ao seu encontro. Lançou-se a seus pés e rogou-lhe que fosse à sua casa, porque tinha uma filha única, de uns doze anos, que estava para morrer.

Jesus dirigiu-se para lá, comprimido pelo povo. (8:40–42)

Imagino como seria se Jesus estivesse caminhando fisicamente por estes vales e vilas agora e boas novas fossem espalhadas sobre o seu poder de curar pessoas de doenças. Ele ficaria o tempo todo cercado, assim como ficou 2 mil anos atrás.

Ora, uma mulher que padecia de um fluxo de sangue havia doze anos, e tinha gasto com médicos todos os seus bens, sem que nenhum a pudesse curar, aproximou-se dele por detrás e tocou-lhe a orla do manto; e no mesmo instante lhe parou o fluxo de sangue.

Jesus perguntou: "Quem foi que me tocou?"

Como todos negaram, Pedro e os que com ele estavam, disseram: "Mestre, a multidão te aperta de todos os lados…"

Jesus replicou: "Alguém me tocou, porque percebi sair de mim uma força." A mulher viu-se descoberta e foi tremendo e prostrou-se aos seus pés; e declarou diante de todo o povo o motivo por que o havia tocado, e como logo ficara curada. Jesus disse-lhe: "Minha filha, tua fé te salvou; vai em paz." (Versículos 43–48)

Jesus, louvo a ti por seu poder compassivo em nome de pessoas individuais. Todos são importantes para ti. Penso em teu amor por toda pessoa que conheço, ou vejo, nestas montanhas. Ó Deus, por favor, ajude-me a ver cada indivíduo como você os vê.

Enquanto ainda falava, veio alguém e disse ao chefe da sinagoga: "Tua filha acaba de morrer; não incomodes mais o Mestre."

Mas Jesus o ouviu e disse a Jairo: "Não temas; crê somente e ela será salva." Quando Jesus chegou à casa, não deixou ninguém entrar com ele, senão Pedro, Tiago, João com o pai e a mãe da menina. Todos, entretanto, choravam e se lamentavam. Mas Jesus disse: "Não choreis; a menina não morreu, mas dorme."

Zombavam dele, pois sabiam bem que estava morta. Mas, segurando ele a mão dela, disse em alta voz: "Menina, levanta-te!" Voltou-lhe a vida e ela levantou-se imediatamente. Jesus mandou que lhe dessem de comer. Seus pais ficaram tomados de pasmo; Jesus ordenou-lhes que não contassem a pessoa alguma o que se tinha passado. (Versículos 49–56)

Jesus, tu sozinho controlas a morte, e sozinho podes dar a vida. Não há ninguém como tu. Ainda assim, muitos nestas vilas (a maioria) nunca ouviram falar de ti. Por que não? Eles precisam ouvir de ti! Por favor, use-nos nesta viagem para apresentar-te às pessoas.

Deitado em meu saco de dormir com meu diário nas mãos, imagino como essas cenas na Palavra de Deus podem ser aplicadas ao nosso tempo nas trilhas hoje.

Iaques na Trilha

Levanto usando as mesmas roupas do dia anterior. Todos da equipe concordamos que está frio demais para se trocar, e achamos que, com uma única muda de roupa para toda a jornada, teremos que passar alguns dias com elas de qualquer jeito. Então enrolamos os sacos de dormir, rearrumamos as mochilas e seguimos para a casa de chá, onde nos sentamos para comer pão, omeletes e beber chai.

"Percorremos uma bela distância com um ritmo muito bom ontem", diz Aaron. "Hoje vamos mais devagar porque quanto mais descemos na área chamada Taplejung, mais pessoas veremos nas trilhas."

Descansados e alimentados, seguimos. O aumento do tráfego na trilha é desafiador, principalmente nas partes estreitas. Como disse antes, andar ao longo da borda da montanha é perigoso. Fica ainda mais delicado quando encontramos outra pessoa. E é mais arriscado ainda quando nos deparamos com um iaque!

Deixe-me contar sobre os iaques. Esses fortes animais de carga, com pelo marrom-escuro e pernas grossas se assemelham a vacas com grandes casacos felpudos para se aquecer no frio extremo. Ah, e eles têm chifres. Os iaques estão por todos os lados por aqui e são animais imensamente valiosos para os aldeões. O leite de iaque fornece proteína e sustento não somente por seu consumo puro, mas também pelo uso em ensopados e na manteiga. O estrume de iaque é usado como fertilizante nos campos e como combustível para fornos. Várias partes do iaque podem ser comidas e seu pelo e couro podem ser usados para fazer roupas e cobertores. Além disso, eles são a fonte primária de transporte de bens subindo e descendo as trilhas.

Os pastores amarram vários suprimentos nas costas de um iaque e um sino em seu pescoço. Eles conduzem o rebanho unido trilha acima. Os animais são surpreendentemente ágeis e de pés firmes, possibilitando-os subir essas trilhas inclinadas e estreitas com incrível estabilidade — e lentidão.

É nessa hora que surge a ansiedade. Estamos caminhando por uma saliência estreita próxima à montanha quando, à nossa frente, ainda fora de vista, ouvimos o som de sinos de iaque. Fazemos a curva e lá, enfileirados, vemos aproximadamente dez iaques caminhando em nossa direção. Eles carregam suprimentos e não têm interesse em negociar esse caminho conosco.

Aprendemos rapidamente que o melhor lugar para ir quando vemos um iaque vindo em nossa direção é para bem perto da montanha. Quero dizer, abraçar a encosta! A última coisa que se deve fazer é dar o lado da encosta da trilha para o iaque, porque se ficamos por fora da borda e, se esse bicho resolver esbarrar na gente, acabamos caindo para nossa morte pela lateral da montanha enquanto o iaque seguirá seu dia como se nada tivesse acontecido.

Então abraçamos a montanha enquanto um desses iaques passa lentamente ao nosso lado. Atrás dele está seu pastor, que o cutuca constantemente para manter a gangue em movimento. Assim que eles passam, podemos retomar a caminhada em paz, mas é bom tomar cuidado com onde pisamos. A quantidade de cocô que os iaques deixam pelo caminho é estonteante (literalmente).

Enterro Celestial

Um pouco depois, a trilha se alarga e chegamos a uma clareira. Caminhamos por um tempo em um planalto nivelado que acaba nos levando para perto de uma grande pilha de rochas a cerca de 18m fora da trilha. Paramos a fim de dar uma olhada melhor. As pedras estão empilhadas de modo circular, que forma um tipo de palco mais ou menos do tamanho de um corpo humano e com uma altura em que eu consigo ainda alcançar com as mãos. Mastros finos de madeira cercam as pedras e, amarrados neles, há bandeiras esfarrapadas, que tremulam com o vento enquanto nos aproximamos. O local parece ter sediado uma cerimônia, então Aaron nos reúne e explica o que houve ali.

"Aqui aconteceu o que chamamos de enterro celestial", diz ele. "Na crença budista, quando uma pessoa morre, seu espírito reencarna no corpo de outra pessoa, animal ou objeto. Essa reencarnação ocorre em infinitos ciclos de vida e sofrimento até que o espírito possa, finalmente, alcançar um estado de nirvana. Consequentemente, quando alguém morre, seu corpo não tem mais valor algum. É meramente uma casca que deve ser descartada por aqueles que permanecem."

Aaron faz uma pausa e se move mais próximo da pilha de rochas.

"Então, em vez de enterrar o corpo nas montanhas, algo difícil de se fazer devido ao terreno duro, os monges budistas levam os corpos a um local de sepultamento como este de manhã bem cedo. Os familiares e amigos também vão, embora fiquem afastados. Os monges envolvidos na cerimônia são chamados de quebradores de corpos."

"Eu tenho uma pergunta", diz Sigs. "Todo budista que morre é sepultado assim?"

"Não", responde Aaron. "Nem todo mundo faz isso, e acontece com menos frequência agora do que ocorria anos atrás. Mas como podemos ver por este local, aconteceu aqui recentemente."

"E como é que funciona?", pergunta Sigs.

"Juntos, os monges usam facas ritualísticas para serrar os membros e partir o corpo em pedaços", responde Aaron. "À medida que cada pedaço é cortado, ele é colocado sobre a pilha de pedras, onde, então, abutres descem para comê-los. Depois que a pele e os órgãos são consumidos pelos pássaros, os quebradores de corpos usam marretas para quebrar os ossos. O propósito da cerimônia é descartar todas as partes do corpo, para que não reste nada."

Sinceramente, essa informação é difícil de engolir. O que ele descreve parece muito com o que acontece em uma fábrica de processamento de carne. Sem a explicação de Aaron, passaríamos por essa pilha de rochas e pelas bandeiras tremulantes sem ter a mínima ideia do ritual realizado aqui.

Aaron definitivamente tem nossa atenção: "Essas ações físicas são cheias de significado espiritual para os budistas que moram nestes vales. Alguns acreditam que o enterro celestial é a imagem visível da oferenda da alma de uma pessoa aos espíritos ou deuses nas montanhas, enquanto essa alma segue para uma nova encarnação. Muitos creem que usar um cadáver para alimentar pássaros e fornecer nutrientes para a natureza seja um sinal de compaixão pela criação. Todos acreditam que seja uma imagem do vazio do corpo junto a um ciclo infinito de sofrimento para a alma."

Enquanto ouço e observo o local do enterro celestial, minha mente se volta para o que parece ser um foco completamente diferente do que tive ontem. Um dia atrás, vila após vila, fui confrontado por necessidades físicas urgentes: um homem sem um olho; mais de sessenta pessoas mortas pela cólera; um menino surrado, queimado e acorrentado em um celeiro; meninas novas a partir de 7 anos vendidas como escravas sexuais; uma menininha raivosa e preciosa desesperada por comida. Mas o foco no começo deste dia não é a necessidade física, por mais importante que seja, mas a necessidade espiritual. A sensação de estar em um lugar em que apenas alguns dias antes o corpo de um homem, uma mulher ou uma criança fora despedaçado, quebrado e oferecido aos pássaros é esmagadora. Ainda mais quando pensamos no espírito desse homem, dessa mulher ou dessa criança agora.

Ou seja, tão importante quanto foram aquelas necessidades físicas do corpo, agora estamos recebendo um lembrete inesquecível de quando chega a hora em que o corpo não existe mais. E o que acontece depois desse ponto é realmente importante. É significativo para esse homem, mulher ou criança. Para todas as pessoas nestas montanhas. Para mim… e para você.

E não importa só agora.

Mas para sempre.

Acreditando em uma Mentira?

Depois que Aaron termina sua história no local do enterro celestial, eu me afasto em silêncio com os demais.

Voltamos à trilha, nos arrastando com muito cuidado e prudência enquanto me mantenho do lado da encosta, e, novamente, me perco em pensamentos. Estou estupefato pelas diferenças óbvias entre a fé bíblica e a fé budista. Lembro-me da primeira vez que realmente conheci o budismo, estudando-o na universidade estadual que frequentei durante a época em que me vi questionando a validade da fé bíblica na qual cresci acreditando. Meu estudo do budismo, além do islamismo, do hinduísmo, do animismo e do ateísmo, realmente acabou fortalecendo minha fé na Bíblia e no que ela ensina sobre Deus, a humanidade, o que há de errado no mundo e a esperança que temos de como isso pode mudar.

No processo de explorar vários sistemas de crenças, comecei a ver o absurdo do universalismo. Eu ouvia pessoas dizerem que todas as religiões ou sistemas de crença são basicamente iguais, com diferenças meramente superficiais. Mas, quanto mais eu estudava, mais via que isso não estava nem próximo da realidade. Não é só ilógico, mas também ridículo dizer que um ateu, que acredita que não existe um deus, e um cristão, que acredita em Deus, têm a mesma crença básica. Enquanto é completamente válido que as pessoas tenham diferentes opiniões sobre Deus, ambas não podem ser completamente verdadeiras. Ele existe ou não, o que valida a crença de uma pessoa e torna a da outra falsa, independentemente da paixão com que ela defenda essa crença.

Os seguidores de Jesus acreditam que ele é Deus em carne e osso e morreu na cruz. Por outro lado, os seguidores de Maomé acreditam que um homem não pode ser Deus e que Jesus (embora um "homem bom", de acordo com a crença islã) não morreu em uma cruz.

Essas crenças são essenciais para ambas as fés, e ainda assim são extremamente diferentes. Ou Jesus é Deus ou não é, e ou morreu na cruz ou não. Repito, é completamente válido que mais de 1 bilhão de pessoas acredite em uma coisa e outro bilhão acredite em outra, ainda assim, a realidade é que mais de 1 bilhão de pessoas nesse cenário acredita em uma mentira.

Então, aqui nestas trilhas montanhosas, penso mais sobre o budismo enquanto vejo as implicações da prática da crença budista à minha volta. Elas ficam ainda mais claras ao entrarmos na vila seguinte, onde a equipe se dividirá para almoçar em casas diferentes.

Hospitalidade da Montanha

Aaron conhece mais pessoas nesta vila, e pediu que famílias diferentes nos recebessem para o chá com pão. Então largamos nossas mochilas, nos dividimos em dois grupos e nos espalhamos pela vila. Um grupo é formado por Aaron, Sigs e Chris. Eu e Nabin vamos a uma segunda casa.

Aproximamo-nos de uma casa com um cômodo. É como um triplex, conectado a outras duas casas iguais, uma de cada lado. Ela tem dois andares: uma área inferior que fornece abrigo para os animais, e uma área superior que é o abrigo da família. A casa é feita de pedra e madeira, incluindo vigas grossas e rudimentares. Subimos uma escada para o segundo andar, para o cômodo em que a família dorme, come e convive em um espaço pequeno e exótico.

Ao subirmos para a área de convivência, percebo que o teto é baixo, então nos agachamos para não bater a cabeça. O cômodo é convidativo, mas escuro, e tem um cheiro misturado de madeira queimada com incenso. À esquerda vemos uma pequena chama coberta por uma grade retangular. Nela há um bule de ferro fundido soltando vapor. De um lado do cômodo, empilhados contra a parede, estão os colchonetes de dormir da família. Há apenas uma pequena janela que deixa uma luz fraca entrar.

Trocamos cumprimentos — Nabin traduz para mim — e nossa anfitriã nos indica para que sentemos perto do fogo, que está posicionado contra a parede, dando espaço para três lugares, cada um com um pequeno tapete. Tradicionalmente, nessa cultura, o homem mais velho da casa se senta no lugar de honra, que fica à direita de quem encara o fogo. Já que seu marido está trabalhando no momento, ela indica para que eu me sente no lugar de honra. Sinto-me desconfortável, mas ela insiste. Nossa anfitriã se ocupa em fazer chá para mim e Nabin. Fazemos perguntas sobre sua família e descobrimos que ela e seu marido têm uma filha de 3 anos e um filho de 12. Bem na hora, a menina sobe a escada e entra no cômodo. Assim que vê esses estranhos em sua casa, caminha timidamente até sua mãe. Ela é absolutamente adorável. Nós sorrimos para ela e pouco depois ela sorri de volta.

A mãe nos conta sobre seu filho. Quando ele tinha 5 anos, a família o enviou para o monastério budista para se tornar um monge. Essa é a prática para filhos primogênitos nesta vila. Então ele vive lá e vê a família apenas em ocasiões especiais.

Enquanto faz o chá, ela pega um tubo de madeira cilíndrico grosso, de aproximadamente noventa centímetros. Depois pega um pedaço de manteiga e coloca no fundo do tubo. Em seguida, pega o bule de água fervente do fogo e coloca um pouco no tubo, onde está a manteiga. Então puxa e empurra um longo utensílio grosso dentro do tubo para misturar a água e a manteiga.

Ela repete o processo com outro pedaço de manteiga, e outro, e outro, com cada vez mais água quente, até que o chá de manteiga esteja pronto para ser servido. Ela pega um copo do tamanho de uma caneca de café, coloca o chá de manteiga do tubo e o entrega. Assim que o líquido esfria o suficiente, podemos começar a bebê-lo. O gosto é exatamente como esperaríamos de uma bebida feita com pedaços de manteiga e água quente!

Ela então nos oferece leite de iaque para o chá quente. Sem muita certeza de há quanto tempo o leite está sem refrigeração, recuso educadamente dizendo a ela que sou intolerante à iaquetose. (É brincadeira. Eu não disse isso!)

Ao nos servir o pão, seu marido sobe as escadas, então rapidamente trocamos de tapetes para dar-lhe o lugar de honra. Nós nos apresentamos, e isso leva a uma conversa sobre seu trabalho e a rotina da família. Sentado ali, bebendo chá de manteiga de um copo em uma mão e mastigando pão da outra, começamos a falar sobre como seria um dia normal para eles.

Eles nos contam que acordam às 4h ou 5h da manhã e tomam seu chá com pão no café da manhã. Então o marido vai para o campo quando o sol está nascendo. A esposa sai um pouco mais tarde com a filha nas costas. Ele trabalha lá o dia todo até o sol começar a se pôr, em torno das 18h, e volta mais cedo para preparar o jantar. Tudo isso, é claro, apenas quando o clima permite. Durante os meses mais gelados do inverno, as temperaturas podem cair abaixo de -17°C, então ficam dentro de casa o dia e a noite toda. É por isso que precisam trabalhar o dia todo quando está mais quente — para cultivar e armazenar as colheitas e outros suprimentos necessários para o inverno longo e brutal.

Enquanto falam, vejo em uma prateleira, acima do fogo, um livro ao lado do que parece ser um altar budista, que é uma pequena estátua do Buda atrás de quatro velas em quatro taças prateadas. "Vocês poderiam me falar do livro e da estátua?", pergunto, apontando para a prateleira.

Sorrindo, o pai responde: "O livro contém ensinamentos sobre Buda. Não sabemos ler, então esperamos para que um monge leia os ensinamentos do livro para nós. Um dia, meu filho poderá lê-los para nós", diz ele, com orgulho.

Então ele nos fala sobre o altar. "Toda manhã quando acordamos, a primeira coisa que fazemos é queimar um incenso em frente à estátua do Buda. Enchemos essas taças prateadas de água e acendemos as velas que flutuam nelas."

"Por que fazem isso todas as manhãs?", pergunto.

"Queremos viver bem na próxima vida", explica ele.

"Melhor do que esta", diz sua esposa, com o que parece ser um sorriso esperançoso, olhando para o marido. Ele concorda e então me pergunta: "Você também faz isso, não faz?"

Depois de uma pausa constrangedora, respondo: "Não, não faço."

Começo a compartilhar com eles uma breve explicação de Deus e Jesus, e em determinado ponto pergunto: "Vocês já ouviram falar de Jesus?"

Um semblante confuso cobre seus rostos. "Não. Quem é esse?"

Assim como Kamal respondeu a essa pergunta um dia antes, parece que eles estão imaginando um homem de outra vila que não conheceram. Nunca ouviram falar de Jesus e não têm ideia de quem ele seja.

Começo a contar-lhes de Jesus, mas imediatamente várias distrações desviam sua atenção. Alguém chamou o marido do lado de fora e ele pede licença. Sua esposa é chamada pela filha por um momento, e assim que retorna, volta a tentar nos servir mais pão e chá. Nabin diz que provavelmente já é hora de irmos embora, então educadamente recuso sua oferta. De algum jeito ela interpreta minha resposta como um sim, e pega o tubo para colocar mais chá de manteiga no meu copo. Eu levanto a mão dizendo: "Estou satisfeito. Não preciso de mais", que ela interpreta como um sinal verde e tenta me servir. A essa altura ela sorri e eu dou risada enquanto trocamos reverências como em um esquete cômico.

Nesse momento Nabin me diz: "Se você colocar a mão sobre o copo, ela saberá que está satisfeito."

Então eu cubro o copo com a minha mão e digo do melhor jeito que consigo: "Obrigado." Ela abre um grande sorriso, assim como eu. Chega de chá de manteiga.

Levantamos para sair e agradecemos muito nossa anfitriá pelo acolhimento. Descemos as escadas saindo da casa e caminhamos até as mochilas. Ao partir, nos viramos e olhamos para trás, onde vemos a mãe e sua filha sorrindo para nós do topo da escada.

Como Saberão?

Ao sair dessa vila, desvio de pedras no caminho e penso nas muitas similaridades entre esse casal de anfitriões e Heather e eu. Todos amamos nossas famílias, sentimos orgulhos de nossos filhos e trabalhamos duro para sustentá-los (embora eu acredite que seu trabalho nos campos seja muito mais difícil do que qualquer coisa que eu já tenha feito). Além do mais, temos crenças sólidas, e mesmo elas sendo extremamente diferentes, tentamos colocá-las em prática desde o início do dia.

Mas há uma grande diferença que eu não entendo. Ao contrário de Heather e eu, por que esse casal e seus filhos, e seus ancestrais antes deles, nunca ouviram falar de que há outras formas possíveis de crenças e vidas? Ao compartilharem sobre seu ritual matutino em frente ao altar budista, foi como se eles achassem que todas as pessoas do mundo acreditassem nas mesmas ideias e realizassem os mesmos ritos. Como se todos acreditassem na reencarnação e no ciclo infinito de vida, sofrimento e morte — apenas para começar tudo de novo, e de novo, e de novo. Como se todo mundo soubesse que, se acendermos velas suficientes, as coisas serão melhores quando morrermos.

Mas e se isso não for verdade? Obviamente, eu sofrerei as consequências se essas crenças budistas forem verdadeiras — se eu escolher não acreditar nelas. Mas é isso. *Eu tive uma escolha.*

Esse casal, junto a seus filhos, aparentemente não tiveram. Ninguém nunca lhes contou que pode haver outra forma de acreditar e viver, então eles vivem cada dia realizando seus rituais, sem perceber que, se suas crenças não forem verdadeiras, sua esperança não só nesta vida, mas, ainda mais importante, além dela é baseada em uma mentira.

Ao continuar a caminhada, outras perguntas surgem em minha mente. Certamente acredito que Jesus é real. Creio que Deus ama tanto o mundo que realmente enviou Jesus, Deus encarnado, para morrer em uma cruz como pagamento pelos pecados. Acredito que Jesus ressuscitou dos mortos vitorioso sobre o pecado para que todos que creem nele tenham vida eterna. Mas, enquanto acredito, não consigo entender por que 2 mil anos mais tarde tantas pessoas do mundo ainda não ouviram isso. Eu li na Bíblia o quanto Deus não quer que ninguém sucumba e o quanto quer que todos confiem em seu amor. Mas como seria possível confiarem em seu amor se nunca ouviram falar dele?

As pessoas nessas vilas veem a glória de Deus na grandeza dos picos montanhosos elevados todos os dias. Até enquanto me faço essas perguntas, observo todo o esplendor à minha volta. Realmente quero poder lhe dar a descrição em palavras dos cenários que incansavelmente nos cercam nestas trilhas. Mas seria como ir ao Grand Canyon, receber um pedaço de papel, e escrever o que vejo. É impossível descrever apenas com palavras.

Basta dizer que, ao caminhar por essas trilhas, toda a criação à sua volta aclama o esplendor do Criador. Porém, por mais bonita que seja essa paisagem, percebo mais profundamente que acaba sendo insuficiente para comunicar a grandiosidade do amor do Criador. Por mais de 2 mil anos, essas montanhas espetaculares podem ter declarado a glória de Deus, mas nem por um segundo esses picos majestosos disseram algo sobre Jesus. Deus revelou sua grandeza para todas as pessoas dessas vilas, mas quase nenhuma delas ouviu falar de sua graça.

Por quê?

Janela para o Inferno

Todas as minhas perguntas atingem um ponto crítico enquanto descemos pela lateral de uma montanha em direção a um rio. Ao longe, vejo fumaça subindo da lateral da água, mas não sei dizer por quê. Quanto mais me aproximo, mais pessoas vemos se reunindo à beira do rio. Claramente, algo está acontecendo, mas ninguém nos prepara — ou poderia nos ter preparado — para o que estávamos prestes a testemunhar.

Ao nos aproximarmos do rio, vemos um grupo de homens jovens carregando o que parece um corpo sem vida enrolado em um lençol branco. Chocados, assistimos enquanto eles colocam o corpo em uma plataforma situada a cerca de seis metros acima da água. As pessoas lamentam em volta do que agora reconhecemos como uma pira funerária. Depois que o corpo é posicionado, um homem mais velho acende uma tocha e ateia fogo aos pés, mãos e cabeça. O lençol branco fica escuro e o corpo pega fogo, chamas amarelas tremulam pelo ar e a fumaça escura mancha o céu azul.

Aaron se coloca atrás de nós e explica o que está acontecendo. Ele nos diz que esse é um ritual hindu. Os hindus desta área acreditam que este rio é sagrado. Então sempre que um familiar ou amigo morre, dentro de 24 horas eles trazem o corpo ao rio e o incendeiam. Eles creem que as cinzas do corpo que caem no rio ajudam o falecido no processo de reencarnação.

Outros começam a fazer perguntas a Aaron, mas eu apenas me afasto e sento. Não consigo parar de olhar. Enquanto observo as chamas, penso no que eu acredito. Sobre o que prego da Bíblia — de que todos que não acreditam que Jesus os salva de seus pecados pagarão por eles em um inferno perpétuo.

O inferno, um lugar que Jesus mesmo descreve como um tormento consciente. Escuridão profunda. E agonia intensa. A Bíblia descreve repetidas vezes o inferno como um lago de fogo do qual as pessoas jamais sairão.

Algumas pessoas contestam, propondo que essas descrições bíblicas do inferno são apenas simbólicas. Algumas acreditam que, talvez, a linguagem não seja literal. Mas, mesmo se esse for o caso, precisaríamos fazer a seguinte pergunta óbvia: o que achamos que esses símbolos do inferno representam? Um retiro invernal? Férias de verão? Claramente, essas não são descrições de um lugar agradável. São símbolos para um local aterrorizante! O objetivo de um símbolo é exprimir uma realidade maior do que pode ser expressa em palavras, então não deveríamos nos confortar achando que as descrições de inferno da Bíblia possam ser simbólicas.

Então lá estou eu, sentado à beira do rio, percebendo que, se o que acredito é verdade, estou vendo agora uma imagem física de uma realidade espiritual. Essa pessoa cujo corpo está queimando estava viva 24 horas atrás e agora está no inferno, um fogo eterno do qual nunca será resgatada.

E aí, como se essa percepção não fosse pesada o bastante, cai a minha ficha. Essa pessoa, como a maioria das outras cujo corpo é queimado em uma dessas piras funerárias, não só está no inferno, mas provavelmente nunca teve uma oportunidade de ouvir falar em como ir para o céu. Essa pessoa nunca ouviu a história de como Jesus pode salvar as pessoas de seus pecados.

Isso está certo? Essa é a realidade? As pessoas que nunca tiveram uma chance de ouvir sobre o céu na terra realmente passarão a eternidade no inferno?

Preguei isso centenas de vezes, e escrevi capítulos de livros sobre como o destino de pessoas que não ouvem o evangelho é a danação eterna. Ainda assim, neste momento, o peso do que eu acredito sobre "essas pessoas" parece milhares de quilos mais pesado enquanto vejo "essa pessoa" cujo corpo está sendo devorado pelo fogo. Ontem, a essa hora, essa pessoa estava viva em uma das vilas pelas quais caminhamos. É como se estivesse olhando para o inferno pela janela, e estou custando a acreditar no que estou vendo.

Estou cercado pela glória de Deus nestas montanhas, mas me pergunto onde nesse cenário podemos encontrar sua misericórdia.

Duas Opções

Olho à minha volta e percebo que estou sozinho. Vejo que o grupo seguiu a trilha pelo outro lado do rio, então me levanto rapidamente e corro até eles. Aparentemente, Aaron estava me observando, e diminui o passo até que eu o alcance.

"Você está bem?", pergunta.

"Não, não estou", admito.

"Me diz o que você está pensando."

"Eu não entendo. Acredito em tudo o que a Bíblia ensina sobre céu e inferno. Defendo o que prego e escrevi sobre o que acontece àqueles que nunca ouviram o evangelho quando eles morrem. Então por que estou custando a acreditar no que vejo?"

Aaron se compadece. "Eu não conheço ninguém que acredite no inferno que não enfrente algum grau de dificuldade em aceitar essa crença. Se ela não entrar em conflito com sua crença sobre o inferno, então você não acredita nele de verdade."

"Então, por que", digo como se fosse a primeira vez que realmente fizesse essa pergunta, "se o evangelho for verdadeiro, existem tantas pessoas no mundo que nunca ouviram falar dele?".

"Isso é um mistério para mim", diz Aaron.

Caminhamos por um tempo em silêncio; logo ele compartilha: "Eis a conclusão a que cheguei sobre o inferno. Você, eu e todas as pessoas que vêm a este lugar têm duas opções de como pensar e viver com base no que vemos aqui."

"Certo, estou ouvindo."

"A primeira é duvidar da Bíblia — observar os corpos queimando e decidir que o inferno não é real. Ou talvez apenas decidir que Jesus não é necessário para ir ao céu. Essas pessoas podem ir para o céu independentemente de sua fé em Jesus. Mas a única maneira de acreditar nisso é parar de acreditar na Bíblia, então essa é uma opção."

"E a segunda?", pergunto.

"A segunda opção é acreditar na Bíblia e demonstrar essa crença ao passar a vida compartilhando sua verdade e amor em um mundo de necessidade espiritual urgente. Não meramente necessidade física", diz Aaron, "por mais importante que ela seja.

Mas viver como se a necessidade espiritual das pessoas seja a mais urgente".

Eu o pressiono. "Como pode dizer isso? Ontem vimos grandes necessidades físicas, e você está fazendo tudo o que pode aqui para satisfazê-las. Elas não têm a mesma importância?"

"Não", responde Aaron. "Não me leve a mal — satisfazer essas necessidades físicas é extremamente importante. Conseguir filtros de água, kits médicos e um sistema de saneamento para aquela vila devastada pela cólera foi uma necessidade urgente."

"Exato", começo a dizer, mas Aaron me interrompe.

"Porém, por mais úteis que sejam aqueles filtros de água, o fato é que eles não levarão ninguém daquela vila para o céu. E nem os kits médicos ou o sistema de saneamento. O que essa vila precisa mais do que qualquer coisa é a verdade sobre o amor de Deus, que lhes dará vida eterna."

A Necessidade Mais Importante

Logo depois que Aaron diz isso, alguém mais à frente na trilha o chama, e ele se apressa para ver do que a pessoa precisa. Isso me deixa sozinho para processar os acontecimentos do dia ao nos aproximarmos da vila em que passaremos a noite.

Enquanto contemplo o relacionamento entre as necessidades físicas e espirituais, lembro de uma conferência em que preguei alguns meses antes. Aproximadamente mil jovens líderes cristãos de centenas de países estavam presentes, e me pediram para falar por vinte minutos. Eu não sabia que uma plataforma de mídia social havia sido configurada para a conferência para que, durante a sessão de cada palestrante, os participantes pudessem dialogar uns com os outros sobre o que ouviam. Eu só fiquei sabendo disso depois que meus vinte minutos acabaram, e então descobri que o que disse criara vários tipos de debates.

Basicamente, eu falei sobre os mesmos problemas com os quais me debatia hoje na trilha: a realidade de um inferno eterno e a prioridade de proclamar o evangelho para pessoas que nunca ouviram falar dele. Compartilhei o quanto o inferno é real e eterno, assim como a Bíblia ensina, e é por isso que compartilhar o evangelho era o principal trabalho que a igreja deveria realizar pelo mundo.

Depois que acabei, vários desses jovens líderes foram até mim querendo debater se o inferno era ou não verdadeiro ou se realmente durava para sempre. Outros queriam argumentar que o trabalho da misericórdia e os atos de justiça social também tinham a mesma importância que compartilhar o evangelho, se não fossem ainda mais importantes em algumas situações. Essas conversas continuaram não só na conferência, mas nos dias e semanas seguintes com os organizadores, alguns dos quais tinham preocupações similares sobre o que eu acabara de dizer. No fim, fiquei perplexo com por que falar sobre a cena bíblica do inferno e a importância de compartilhar o evangelho era um problema tão grande em uma conferência cristã.

E agora, nesta trilha, meses mais tarde, caminhando e vendo tudo isso, compreendo melhor o que esses líderes diziam. Como vira de perto ontem, a necessidade de justiça social e do trabalho da misericórdia é realmente urgente em meio à grande necessidade física. Além disso, vejo com novos olhos, hoje, até a possibilidade (e ainda mais, a realidade) de um inferno duradouro ser devastadora. E, sem dúvidas, há muito de mim nesse momento que deseja que o inferno não seja verdadeiro. Não quero que a pessoa cujo corpo ainda queima vá para o inferno pela eternidade.

Mas então as palavras de Aaron me condenam ao extremo e percebo que tenho duas opções.

A primeira, posso duvidar da Bíblia. Posso dizer que a Palavra de Deus não é verdadeira. Ou talvez, mais sutilmente, posso afirmar que os caminhos de Deus não são corretos. Posso me convencer de alguma forma que tenho mais compaixão que o próprio Deus, e como tal, se estivesse no comando, nunca criaria um lugar chamado inferno. Ou seja, posso me convencer rapidamente de que sei mais do que Deus e sua Palavra em relação ao que é certo e bom no mundo.

Quanto mais penso nessa opção, mais percebo que ela é a essência do pecado. No Gênesis, o pecado entrou no mundo quando as criaturas pensaram que sabiam mais do que o Criador. O pecado entrou no mundo quando homem e mulher se convenceram de que estavam certos sobre o que era bom e que Deus estava errado.

Minha outra opção é acreditar em Deus e em sua Palavra, a Bíblia, e exibir essa crença passando a vida a compartilhar a verdade e o amor de Jesus em um mundo de necessidade espiritual urgente. Sem dúvidas, isso inclui trabalhar para satisfazer as necessidades físicas urgentes por meio do trabalho da misericórdia voltado para a justiça social. Mas os filtros de água, os kits médicos, os sistemas de saneamento e muitos outros recursos, apesar de cruciais para a vida na terra, não levam ninguém para o céu. E o sofrimento terreno temporário, por mais severo, não é nada em comparação ao sofrimento eterno, que dura para sempre.

Esperança Após a Morte

Alcançando o grupo na vila em que passaremos a noite, lembro-me das histórias de Lucas 7–8 que iniciaram meu dia, os milagres das pessoas que ressuscitaram dos mortos.

De fato, percebo que essa é a maior necessidade na vida de cada um de nós, incluindo todas as vidas nos Himalaias e pela terra: ter esperança depois da morte física. Todos nós morreremos, porque todos pecamos. E isso significa que todas as pessoas precisam ouvir e acreditar Naquele que tem autoridade proveniente do amor sobre a morte.

Depois do jantar com a equipe, como sempre estamos prontos para um pouco de calor e sono. Então me recolho, rezo e imploro ao cair no sono,

Ó Deus, escolho acreditar em sua Palavra. Não afirmo entendê-la, mas escolho acreditar nela. Escolho crer que apenas Jesus tem poder sobre a morte e autoridade para dar vida. E, Ó Deus, eu rezo para que, se isso for verdade, então mais do que tudo, as pessoas aqui precisam saber de Jesus! Você sabe disso! E eu estou percebendo isso de um modo totalmente novo.

Portanto, eu imploro como nunca fiz antes! Por favor, mostre sua misericórdia nestas montanhas! Por favor, mostre sua misericórdia agora, Ó Deus! Antes de outro enterro celestial! Antes que mais pessoas nasçam, vivam e morram com toda a esperança no queimar de um incenso para uma estátua! Antes que mais pessoas sejam colocadas em piras funerárias! Faz tempo

demais — tempo demais, Ó Senhor — que o amor,
o poder, a compaixão, a autoridade e o nome de
Jesus são desconhecidos aqui! E, por favor, Ó
Deus, use minha vida como quiseres, espalhando o
evangelho como a resposta para todas as pessoas
com a necessidade mais urgente do mundo: a
vida eterna contigo.

Reflexões

Você acha que a necessidade espiritual é mais importante do que a física? Como sua resposta a essa pergunta afeta sua vida diária?

Como você processa a realidade de que muitas pessoas no mundo nunca ouviram falar de Jesus? Como acha que essa realidade deve afetar o jeito como vive?

Dia 9: Eu Vi Luzinhas Subindo a Montanha

Antes de Começar o Dia

Estamos dormindo em pequenos quartos anexados a casas de chá no decorrer da trilha. Cada quarto tem uma cama: uma plataforma de madeira com um colchonete fino em cima. Há um pequeno espaço no chão ao lado da cama para colocar uma mochila. As paredes são feitas de painéis de madeira clara, assim como o chão, que range a cada passo. É impossível levantar e ir ao banheiro no meio da noite sem fazer muito barulho. Mas, de qualquer forma, é bom evitar essa jornada a qualquer custo, porque quando fechamos o saco de dormir, não queremos mais sair dele. Lembre-se: estamos dormindo em temperaturas congelantes.

Quando entramos no quarto à noite, está totalmente escuro e precisamos da lanterna de cabeça para ver, pois não há eletricidade. É bom examinar o quarto o melhor possível, para garantir que não exista nenhuma criatura que possa se juntar a nós durante a noite. As aranhas saltadoras do Himalaia são as residentes permanentes mais conhecidas do mundo, vivendo em alturas de até 6.700 metros nas montanhas. Aparentemente são criaturas muito fascinantes, mas não quero dividir uma casa com elas.

Não tendo visto nenhuma criatura (espero!), coloco a mochila no chão e pego o saco de dormir. Posiciono-o sobre o colchonete e faço o que preciso para me preparar para dormir. Quando estou pronto, tiro os sapatos e a jaqueta, e entro nele o mais rápido que posso. Imediatamente fecho o zíper do lado até que cubra minha cabeça e meu rosto, deixando só uma pequena abertura para respirar.

E é isso. O calor preso no saco de dormir provoca um aquecimento que não sentimos o dia todo. E, depois de todos aqueles quilômetros percorridos nas trilhas, não demora muito para que esse calor nos faça dormir. O ideal é que o sono seja ininterrupto até que o sol nascente atravesse as rachaduras dos painéis de madeira e seja hora de recomeçar.

Esse sol me acordou hoje, e não estou com pressa de voltar para o frio. Então abro um pouquinho o saco de dormir só para conseguir ler minha Bíblia e anotar alguns pensamentos. Esta manhã estou em Lucas 10, e leio, dentre outras coisas, a seguinte história:

Levantou-se um doutor da lei e, para pô-lo à prova, perguntou: "Mestre, que devo fazer para possuir a vida eterna?"

Disse-lhe Jesus: "Que está escrito na lei? Como é que lês?"

Respondeu ele: "Amarás o Senhor teu Deus de todo o teu coração, de toda a tua alma, de todas as tuas forças e de todo o teu pensamento; e a teu próximo como a ti mesmo."

Falou-lhe Jesus: "Respondeste bem; faze isto e viverás."

Mas ele, querendo justificar-se, perguntou a Jesus: "E quem é o meu próximo?"

Jesus então contou: "Um homem descia de Jerusalém a Jericó, e caiu nas mãos de ladrões, que o despojaram; e depois de o terem maltratado com muitos ferimentos, retiraram-se, deixando-o meio morto. Por acaso desceu pelo mesmo caminho um sacerdote, viu-o e passou adiante. Igualmente um levita, chegando àquele lugar, viu-o e passou também adiante. Mas um samaritano que viajava, chegando àquele lugar, viu-o e moveu-se de compaixão. Aproximando-se, atou-lhe as feridas, deitando nelas azeite e vinho; colocou-o sobre a sua própria montaria e levou-o a uma hospedaria e tratou dele. No dia seguinte, tirou dois denários e deu-os ao hospedeiro, dizendo-lhe: 'Trata dele, e quanto gastares a mais, na volta te pagarei.'

"Qual destes três parece ter sido o próximo daquele que caiu nas mãos dos ladrões?"

Respondeu o doutor: "Aquele que usou de misericórdia para com ele."

Então Jesus disse: "Vai, e faze tu o mesmo." (Versículos 25–37)

Ao refletir sobre essa leitura, reservo um tempo para escrever no diário,

Eu te amo, Deus. Deitado aqui neste saco de dormir antes de começar este dia totalmente fascinado por ti e por teu amor por mim, mas agradeço por isso. Quero amar-te com todo o meu coração, alma, mente e forças, e quero amar aos outros como me ordenaste a fazer. Por favor, ensina-me o que isso significa.

Nesse momento, posso ouvir todo mundo se levantar e começar a se mexer, uma cacofonia de rangidos! Sei que o café da manhã será servido em breve, então saio da cama e deixo para ler Lucas 11 mais tarde. Como meus companheiros, enrolo meu saco de dormir e coloco tudo dentro da mochila, então caminho até a casa de chá para tomar chá, comer pão e um omelete.

Está nevando esta manhã, e todos sentamos em volta da mesa com jaquetas, luvas e toucas. É visível que realmente apreciamos essa noite quente de sono e não estávamos prontos para levantar e voltar ao frio. Enquanto jogamos conversa fora ainda meio grogues e tremendo, vemos as respirações uns dos outros como nuvenzinhas brancas no ar. Sempre que alguém coloca chá de masala em uma xícara, o vapor da garrafa térmica sobe como fumaça. Todos mantemos ambas as mãos na xícara quente enquanto bebemos e comemos. Ao acabar o café da manhã, Aaron explica o que podemos esperar deste dia.

"A caminhada de hoje será longa, subindo uma região chamada Gasa, e não poderemos parar em lugar algum para almoçar. Bebam bastante água e mantenham os lanches ou barrinhas à mão para comer no caminho."

Todos procuramos nas mochilas os itens sugeridos.

"Ah, e tenham bastante cuidado onde pisarem hoje", avisa Aaron. "Algumas das trilhas serão estreitas e bem íngremes."

Com isso, ele nos diz que é hora de ir. Colocamos as mochilas nas costas e saímos para a trilha coberta de neve.

Um Problema de Coração

Pouco depois de começarmos, devido à estreiteza da trilha, não conseguimos andar ao lado uns dos outros para conversar. De qualquer forma, não estávamos muito falantes esta manhã, então pareceu bom ter algum tempo sozinhos com nossos pensamentos. Além disso, a neve deixa a trilha escorregadia, então nos concentramos mais a cada passo.

Enquanto caminho, minha mente volta ao que li em Lucas 10. Aquele especialista na lei judaica fez uma pergunta muito boa: "O que devo fazer para possuir a vida eterna?" (Versículo 25) Ao pensar em tudo o que vi nesta viagem, percebo que essa é a pergunta mais importante de todas. De doenças evitáveis a surtos de cólera, de enterros celestiais a piras funerárias, não consigo pensar em uma pergunta mais importante para a minha vida e a de todas as pessoas nestas montanhas. Do mundo todo, na verdade.

Penso no quanto é fácil se distrair com perguntas, de longe, mais triviais. *Quais são as novidades? Quais são as modas atuais? Quem está falando o que no Facebook, no Twitter ou no Instagram? Como anda meu plano de aposentadoria? O que meu time favorito vai fazer este ano?* Minhas experiências até hoje têm um modo de colocar essas perguntas em perspectiva.

Jesus responde o advogado com uma pergunta. Eu odeio quando fazem isso comigo! E Jesus é especialista nisso, principalmente com líderes religiosos, e sempre o faz por algum motivo. O homem dá a resposta correta, basicamente citando o que Jesus disse que são o primeiro e o segundo principais mandamentos: amar a Deus e amar aos outros. Então Jesus confirma. De acordo com ele, a vida eterna é encontrada ao amar a Deus com todo o coração e ao amar seu próximo como a si mesmo.

Como escrevi no meu diário, quero amar a Deus com todo o meu coração, e estou comovido por seu amor por mim. Mas e aquela segunda frase? "Ame a teu próximo como a ti mesmo." Mais uma vez, penso em tudo o que vi nos últimos dias, e imagino o que isso realmente significa. Como é esse tipo de amor por aqui? Como seria para mim amar a essas pessoas como a mim mesmo? Percebo que, se realmente estivesse fazendo isso, não parece que estaria caminhando como estou agora.

Se amasse a Kamal como amo a mim mesmo, supostamente eu deveria acompanhá-lo pessoalmente montanha abaixo à clínica para ajudá-lo a conseguir tratamento para seu olho.

Se minha filha de 8 anos tivesse sido traficada como escrava sexual, eu faria tudo o que estivesse ao meu alcance agora para descer a montanha e encontrá-la. Então se amo a essas famílias como amo a mim mesmo, por que não estou correndo montanha abaixo para ajudá-las a encontrar suas filhas? Se eu amasse aquela menininha faminta naquela vila como amo a mim mesmo, certamente teria dado a ela toda a comida que tinha na mochila.

Se amasse aquela família que me recebeu em sua casa para tomar chá de manteiga como amo a mim mesmo, ainda estaria lá, contando a eles sobre o amor de Jesus que possibilita a vida eterna, não baseado em acender velas e queimar incenso, mas em confiar no que Jesus fez na cruz por todas as pessoas.

Se amasse aquelas pessoas de luto em volta de piras funerárias como amo a mim mesmo, teria ficado no local e passado cada momento de vigília contando aos enlutados sobre como Jesus venceu a morte e possibilitou a vida eterna para eles. Teria perguntado se conheciam pessoas em seu leito de morte em qualquer vila próxima para que eu pudesse ir até elas e compartilhar as boas novas antes que seus corpos fossem queimados.

Como, em cenas como essas, eu amo ao meu próximo como a mim mesmo? Em um mundo como este, como possivelmente podemos amar nossos próximos como a nós mesmos?

Mas mesmo quando começo a fazer essas perguntas, vejo-me tentando justificar por que não fiz nenhuma das coisas acima. Começo a criar razões para que agir desta ou daquela forma não seria sensato por este ou aquele motivo. E, de repente, em meio à minha busca por autojustificação, percebo que sou muito parecido com o advogado nessa história. Em Lucas 10:29, vejo um espelho do meu próprio coração em um homem que "querendo justificar-se, perguntou a Jesus: 'E quem é o meu próximo?'"

Esse homem quer esclarecimento sobre quem é seu próximo para que possa saber que está fazendo o suficiente para alcançar a vida eterna. E esse é o ponto principal da história que Jesus conta em seguida.

A estrada de Jerusalém para Jericó é uma descida de 27km com todos os tipos de cavernas, rochas e fendas no caminho. E, pensando bem, não é muito diferente da caminhada que estou fazendo agora (embora eu quisesse que estivéssemos apenas descendo em vez de subindo esses montes íngremes aqui e ali). Aparentemente, era comum que criminosos se escondessem nessas cavernas, e na parábola de Jesus um homem é atacado por alguns ladrões. Eles pegam suas roupas, dão uma surra nele e o deixam para morrer.

Pouco depois, um padre aparece, e ele sabe que a lei de Deus diz que quando encontramos um estranho necessitado, devemos fazer o que for possível para satisfazer sua necessidade (Levítico 19:34). Ao imaginar essa história se desenrolar, penso: *é exatamente por ele que esse homem precisa passar neste ponto.* Mas Jesus diz que o padre o vê e segue adiante para o outro lado. Literalmente, a linguagem da história retrata o padre olhando o homem e correndo na direção oposta. *Parecido com o que fiz alguns dias atrás.*

Mas, felizmente, o homem tem uma segunda chance de ser ajudado por um levita, basicamente um assistente de um padre. E da mesma forma que o padre, Jesus usa a mesma linguagem para descrever como o levita se virou e seguiu o caminho oposto. Então a ironia é clara: os dois líderes do povo de Deus que são responsáveis por ajudar os necessitados estão, na verdade, ignorando-os. A tensão na história é grande. Quem amará a este homem que está morrendo?

E é nessa hora que Jesus insere uma reviravolta chocante. "Mas um samaritano", diz ele. Um estrangeiro odiado. Um mestiço que o povo judeu acreditava ter poluído a linhagem do povo de Deus. Quando os líderes judeus quiseram desmerecer e ofender Jesus, o chamaram de samaritano. Então, assim que Jesus menciona essa palavra, podemos sentir o sangue do advogado começar a ferver.

A história continua e o samaritano para, avalia a necessidade do homem, lava seus ferimentos e o leva para a hospedaria mais próxima, e paga toda a conta para que tratem do homem. E no final da história, Jesus mudou a pergunta totalmente. Já não é mais "quem preciso amar?" Agora é "quem é que ama?"

Na resposta, o advogado não consegue nem dizer *samaritano,* então simplesmente diz: "Aquele que usou de misericórdia para com ele." Jesus lhe diz: "Vai, e faze tu o mesmo." (Lucas 10:37) E no decorrer de uma história curta, Jesus choca esse homem da elite religiosa e o faz perceber que, o que a lei quer dizer quando fala de amor, é algo muito mais profundo do que o conhecimento religioso e a responsabilidade religiosa. O tipo de amor que a lei de Deus evoca é muito maior, muito mais arriscado, muito mais custoso e muito mais desconfortável do que o advogado havia imaginado.

Enquanto perambulo pela neve que cai naquela trilha estreita, percebo de um modo novo a maravilha do significado dessa história. Não é só sobre ajudar pessoas necessitadas sem preconceito. Se esse fosse o caso, Jesus teria facilmente descrito um homem judeu como o advogado descendo a estrada e vendo um samaritano necessitado. E mesmo que o homem judeu tivesse diversos preconceitos, ele pararia e cuidaria do samaritano. Então o significado da história seria claro: cuide das pessoas necessitadas, independentemente do seu preconceito.

Mas não é essa a história que Jesus conta. Propositalmente, ele leva o advogado em uma narrativa intrincada que mostra a falha da elite religiosa (isto é, o padre e o levita) em seguir a lei de Deus. Então coloca um samaritano na história para expor o preconceito e o ódio profundamente enraizados no coração do advogado em relação ao povo samaritano. No processo, Jesus deixa um ponto bem claro: esse advogado precisa de um novo coração. Assim como todos nós. Há um tipo de amor por Deus e pelos outros que simplesmente não pode ser criado pelo aprendizado religioso.

E, pensando bem, faz sentido. Imagine como a conversa do advogado com Jesus poderia ter seguido um rumo totalmente diferente desde o início. Lembre-se de que ele disse que a lei fala em amar a Deus com todo o coração e amar ao próximo como a si mesmo. E Jesus respondeu: "Faze isto e viverás." Mas e se o homem, a essa altura, não quisesse "se justificar" perguntando "quem é meu próximo?" E se em vez disso ele quisesse "ser humilde" dizendo: "Jesus, não posso fazer isso. Não consigo amar a Deus perfeitamente e não consigo amar aos outros sem egoísmo. Preciso de ajuda para amar assim." A conversa desse ponto em diante teria sido totalmente diferente, não teria?

E é aí que me vejo agora. Pelas cenas à minha volta e agora essa história à minha frente, vejo-me cara a cara com a falta de amor altruísta em meu coração. Em todo o meu aprendizado e minha responsabilidade religiosos, acho perigosamente fácil passar direto pela necessidade urgente sem fazer nada em relação a ela. É preciso que Deus mude isso em mim.

Lágrimas em Estratégia

Então o que faço?, pergunto a mim mesmo. Nesse momento da caminhada, chegamos a uma clareira e vejo Aaron mais distante. Acelero o passo para alcançá-lo e digo: "Posso lhe fazer uma pergunta?"

"Claro", responde ele.

Então vou direto ao ponto. "No primeiro dia de caminhada, na primeira casa de chá que visitamos, logo depois de sair do helicóptero, você nos contou sobre quando veio a essa região pela primeira vez há vinte anos com seus amigos da faculdade. Você disse que estavam planejando a caminhada há semanas, mas na parada daquela primeira noite encontrou algo que o impediu de dormir. Disse que chorou a noite toda, e então fez as malas e desceu a montanha."

Ele assente, então pergunto: "O que foi que você encontrou? O que o fez voltar a descer a montanha?"

Aaron sorri brevemente; então sua expressão fica séria. "Encontrei um traficante", diz ele. Depois de uma longa pausa, ele continua. "Meus amigos e eu estávamos jantando nessa parada de descanso, e conversávamos com um homem que perceptivelmente passou muito tempo por aqui. E ele começou a se gabar de todas as meninas que havia conhecido nesse lugar. Ele nos contou como tirava as meninas de suas condições ruins e as levava para a cidade com o intuito de trabalhar. Descreveu como elas ganhavam a vida enquanto homens como ele obtinham prazer."

Lágrimas surgem nos olhos de Aaron enquanto ele continua, sua voz agora tremendo. "O modo como esse homem falou dessas meninas era exasperador. Ele as via como nada além de objetos a serem usados e abusados sempre que ele e outros quisessem.

"Assim que ele terminou de falar", continua Aaron, "disse que precisava ir, levantou-se da mesa e foi embora. Fiquei lá parado em choque enquanto ele ia embora. Por alguns momentos, os caras à minha volta conversavam sobre o quanto esse homem era horrível, mas logo depois já falavam sobre o quanto queriam ir para cama e começar a caminhar novamente na manhã seguinte".

Aaron faz mais uma pausa — obviamente está revivendo o momento e está comovido. "Mas eu não consegui parar de pensar no que aquele homem disse. Fiquei totalmente anestesiado. Não conseguia acreditar no que acabara de ouvir. E não conseguia parar de pensar naquilo. Não conseguia parar de pensar naquelas menininhas."

Agora as lágrimas caem pelo rosto de Aaron e ele diz: "Fui para a cama naquela noite, e fiquei lá deitado e chorando a noite toda. Então me levantei na manhã seguinte, e sabia que não conseguiria continuar como se nada tivesse acontecido. Falei para meus amigos seguirem sem mim. Voltei pela trilha sozinho, e nos últimos vinte anos, trabalho para transformar essas lágrimas em estratégias com o objetivo de que essas pessoas conheçam a graça de Deus."

Enquanto caminhamos um ao lado do outro, não tenho ideia do que dizer em resposta à história de Aaron. Ele consegue perceber que estou lutando muito e diz: "Sua pergunta é boa, mas um pouco infeliz. Você me perguntou o que me fez voltar a descer a montanha naquela manhã, mas a resposta não é 'o quê'. A resposta é 'quem'. David, Deus fez um trabalho em meu coração naquela noite que me fez voltar montanha abaixo. Deus criou em mim um amor por essas pessoas e um desejo de mostrar esse amor a elas do jeito que puder com a minha vida. Essa é a razão de eu estar aqui agora."

Nessa hora, o caminho se estreita novamente e Aaron segue na minha frente. "Estamos prestes a subir uma trilha íngreme na lateral desta montanha", diz ele. "Não tenha pressa e tome cuidado onde pisa."

Ao começarmos a inclinação, a ironia não se perde. Ouvindo a história de Aaron, considerando a história de Jesus em Lucas 10, percebo que Deus está me chamando a novos níveis de amor por ele e pelos outros. A um tipo de amor que vai além de todo o meu aprendizado religioso ou sentido de responsabilidade religiosa. A um tipo de amor que apenas Deus pode criar. Um tipo de amor que nos faz mudar os planos que podemos ter para nossa vida, família ou futuro. Um tipo de amor oneroso e desconfortável que não é nem complacente nem se contenta em se proteger das necessidades daqueles à sua volta.

Ao subir cuidadosamente a trilha, penso: *anseio que esse tipo de amor marque a minha vida.*

Picos Falsos

Aaron tinha razão sobre a trilha. É bem inclinada, e em pouco tempo minhas coxas e panturrilhas parecem estar pegando fogo. O estresse nos músculos se soma ao dos pulmões. Quando me falaram sobre treinamentos para essa caminhada, algumas pessoas sugeriram fazê-lo com uma máscara cirúrgica para simular os desafios de respirar em grandes altitudes com menos oxigênio. Outras sugeriram caminhar respirando apenas por um canudo. Os dois métodos de treinamento me pareceram estranhos, então ignorei as sugestões.

Isso significa que, nesta trilha em particular, eu (e alguns outros que não se prepararam tanto) agora me vejo caminhando mais ou menos 10 passos montanha acima e então paro para apreciar a paisagem (isto é, recuperar o fôlego). Não preciso dizer que subir mais de 4.500 metros na encosta de uma montanha 10 passos de cada vez me dá muitas oportunidades de apreciar a paisagem.

Essa trilha não é só íngreme; é traiçoeira. Olhando para a frente, vejo o que parece ser o pico da montanha. Parece distante, mas me convenço de que é possível. Então, lentamente, metodicamente, começo a subir, dez passos de cada vez. As últimas séries de dez são as mais difíceis, mas sigo em frente, sabendo que estou quase lá. Encontro a determinação de resistir porque sei que estou quase no fim. Só mais vinte passos. Depois só mais dez. Até que finalmente termino aquele último passo, pronto para descansar no topo da montanha, e percebo que não cheguei lá ainda. Não estou nem perto. Um pico falso! Essa montanha vai muito além do que eu imaginava, e cheguei apenas em um quarto do caminho por sua encosta.

Esse é um momento desanimador da caminhada, e quando acontece, decidimos que precisamos de um plano para prosseguir. Pessoalmente, consigo ver o topo da montanha (ou pelo menos o que eu acho que é o topo!), e decido que dividirei a caminhada em duas partes. Darei o máximo que puder de mim na primeira metade, e então farei uma longa pausa. Depois dividirei o resto em duas partes novamente, fazendo um intervalo curto antes de chegar ao topo. Convencido de que meu plano funcionará, bebo um pouco de água e começo a subir.

A primeira metade de fato é difícil, levando bem mais de uma hora, e com apenas algumas pausas intermitentes durante esse tempo, estou pronto para um intervalo. Sozinho e mais ou menos na metade do caminho, paro e encontro uma pedra achatada para me sentar. Pego alguns lanches e minha garrafa de água. Consigo ver que estou cercado de esplendor por todos os lados.

Ousadia Descarada

Poderia haver um lugar mais magnífico na terra do que este para passar algum tempo sozinho com Deus? Quando a Bíblia retrata Jesus indo para uma montanha para rezar sozinho, penso neste cenário. Sem fôlego e com as pernas bambas, não estou com pressa de ir a lugar algum agora, então decido pegar minha Bíblia e meu diário. Leio a primeira parte de Lucas 11:

Um dia, num certo lugar, estava Jesus a rezar.
Terminando a oração, disse-lhe um de seus discípulos: "Senhor, ensina-nos a rezar, como também João ensinou a seus discípulos."

Disse-lhes ele, então: "Quando orardes, dizei:
Pai
santificado seja o vosso nome.

Venha o vosso Reino;

dai-nos hoje o pão necessário ao nosso sustento;

perdoai-nos os nossos pecados,

pois também nós perdoamos àqueles

que nos ofenderam;

e não nos deixeis cair em tentação."

Em seguida, ele continuou: "Se alguém de vós tiver um amigo e for procurá-lo à meia-noite, e lhe disser: 'Amigo, empresta-me três pães, pois um amigo meu acaba de chegar à minha casa, de uma viagem, e não tenho nada para lhe oferecer.' E se ele responder lá de dentro: 'Não me incomodes; a porta já está fechada, meus filhos e eu estamos deitados; não posso levantar-me para te dar os pães.' Eu vos digo: no caso de não se levantar para lhe dar os pães por ser seu amigo, certamente por causa da sua importunação se levantará e lhe dará quantos pães necessitar.

"E eu vos digo: pedi, e dar-se-vos-á; buscai, e achareis; batei, e abrir-se-vos-á. Pois todo aquele que pede, recebe; aquele que procura, acha; e ao que bater, se lhe abrirá. Se um filho pedir um pão, qual o pai entre vós que lhe dará uma pedra? Se ele pedir um peixe, acaso lhe dará uma serpente? Ou se lhe pedir um ovo, dar-lhe-á porventura um escorpião? Se vós, pois, sendo maus, sabeis dar boas coisas a vossos filhos, quanto mais vosso Pai celestial dará o Espírito Santo aos que lho pedirem." (Versículos 1–13)

Sentado aqui, olhando os diversos picos elevados a mais de 4.500 metros à minha volta, reflito essa passagem, especificamente a história no meio, com novo encanto.

O cenário é a Palestina do século I, onde as pessoas assam pão suficiente para as necessidades do dia e repetem no dia seguinte. Então um homem aparece na casa do seu amigo e ele está com fome. Infelizmente, o amigo não tem pão. A hospitalidade é muito importante, então ele está em um dilema. Por um lado, pode ser um anfitrião ruim e não dar pão algum para seu amigo. Por outro, pode tentar encontrar pão com outra pessoa à meia-noite. Então ele pode ou ser um mau anfitrião ou um mau vizinho. Depois de pensar um pouco, decide ver o que há por trás da porta número dois.

Seu vizinho e sua família já estão dormindo. As casas desse local tinham um cômodo, o que significa que todos dormem juntos. Imagino conseguir colocar os filhos número um, dois, três e quatro para dormir, e então a mãe e o pai se deitarem ao lado deles silenciosamente, sabendo que qualquer barulho poderia acordá-los todos, incluindo o mais novo, que levou uma hora para dormir.

Então, quando esse homem gentil está dormindo com sua família dentro de casa, ouve uma batida na porta e o cara do lado de fora diz: "Amigo." Esse é um bom jeito de começar quando acordamos alguém à meia-noite, porque essa "amizade" está bem frágil nesse momento. Consigo imaginar esse pai acordando e olhando para o filho de 2 anos, cujos olhos estão arregalados. Isso é muito irritante! Então o pai diz do modo mais educado possível: "Não me incomode. Não vou levantar e lhe dar nada."

Então Jesus diz que mesmo que o pai não queira se levantar porque o cara do lado de fora é seu amigo (fato agora sob questionamento!), ele levantará porque seu amigo é descaradamente ousado — praticamente uma peste!

O interessante das parábolas é que as lemos e pensamos: *certo, alguém nessa parábola sou eu e alguém é Deus.* Então os discípulos estão pensando: *você e eu somos como o cara do lado de fora batendo na porta, mas quem é Deus aqui? Ele é o cara ranzinza dentro de casa gritando "Não me incomode!"?*

O que exatamente Lucas 11 ensina sobre a oração? Se quisermos algo de Deus, basta continuar batendo na porta e pedindo. Uma hora ele se sentirá incomodado o bastante para se levantar e fazer algo por você, não porque o ama, mas porque você o incomodou demais. Então agora vamos rezar?

Não acho que esse seja o objetivo da história. Acho que encontramos a mensagem em sua ousadia. Jesus expressa essa história no contexto de uma pergunta. Ele imagina um homem tão ousado que vai até a casa do seu amigo à meia-noite apenas para pedir um pedaço de pão. Jesus retrata uma cena de um homem descarado que não sabe quais limites sociais pode ultrapassar. Você conhece pessoas assim? Você é uma delas? (Provavelmente não saberá se for!) Esse cara da história não entende que não se deve acordar seu amigo e sua família inteira à meia-noite a não ser que haja uma boa razão para isso. Mas ele é tão ousado, tão descarado, tão inoportuno, que pensa: *sei que meu vizinho tem o que meu amigo precisa, então vou pedir para ele,* e é assim que devemos rezar, diz Jesus.

Sentado na encosta da montanha lendo essa história, a fascinação pela oração me atinge de uma forma totalmente nova. Aqui estou eu, observando a glória de Deus que é exibida na criação à minha volta, e percebo que parece ousado para mim, uma pessoa em meio a mais de sete bilhões no planeta, chegar ao único e verdadeiro Deus de tudo e Criador de todas as coisas e dizer: "Eu sei que você tem muito com que lidar agora, administrando um universo, mas preciso que me escute. Tenho algumas coisas para pedir e preciso da sua atenção."

Isso não parece ousado? Descarado? Atrevido? Ainda nessa parábola, Jesus diz: "Seja tão ousado, descarado e atrevido quanto quiser."

De fato, Deus convidou a mim, e a você, para ir até Ele a qualquer hora com qualquer assunto, particularmente (de acordo com essa história) em nome de pessoas necessitadas. E então lá na encosta daquela montanha, pego meu diário e começo a escrever o que parecem orações ousadas e descaradas.

Ó Deus, você vê as necessidades nestas vilas. Vê as necessidades nas vidas dessas pessoas. Vê o rosto de Kamal cedendo. Vê o sofrimento de Sijan e Amir. Vê a dor de Nabin. Vê essas menininhas sendo traficadas. Sabe onde está cada uma delas agora e o que têm que fazer para homens maus neste momento. Vê aquela menininha que tentou cuspir em meu rosto. Vê aqueles monges realizando enterros celestiais em cadáveres. Vê pessoas morrendo e sendo levadas ao rio, onde lhes ateiam fogo. Vê o que está acontecendo enquanto vão todas para o inferno! Ó Deus, você vê todas essas coisas!

Então estou batendo em sua porta agora, e implorando, Ó Deus, implorando por sua misericórdia para com eles. Por favor, Ó Deus, mostre seu poder de cura. Por favor, Ó Deus, dê sustento em meio ao sofrimento e paz em meio à dor! Por favor, Ó Deus, salve essas menininhas, e salve ou acabe com aqueles que as vendem e escravizam! Por favor, Ó Deus, dê sustento aos pobres, e por favor salve as pessoas do sofrimento eterno! Ó Deus, tens a habilidade e a autoridade de fazer todas essas coisas, e estou pedindo — implorando — por uma resposta!

Enquanto rezo e imploro na metade da caminhada naquela montanha, caio de joelhos e me vejo experimentando novas intensidades de ousadia em oração perante a Deus. Espero que seja humilde, e acredito que seja sincera — mais sincera do que já orei em muito tempo. Acredito no que estou rezando, e creio que o Deus que criou esses vales e montanhas está escutando.

Pegando novamente o diário, escrevo,

Ó Deus, por favor, glorifique-se nestas montanhas. Por favor, faça com que seu nome seja venerado em todas estas vilas e em todos estes vales. Foi assim que me disse para orar, então eu rezo, e imploro por sua resposta a essa oração pelo amor de seu nome! Por favor, faça com que seu nome seja conhecido como grande, gracioso e glorioso por aqui! Por favor, faça com que seu reino chegue e sua justiça, misericórdia e virtude reinem aqui como o fazem no céu!

Luzinhas

De joelhos, fico surpreso ao me virar e ver que Sigs se juntou a mim nessa planície. Ele respira com dificuldade, mas tem um sorriso no rosto. "Esse é um bom lugar para parar", digo a ele enquanto me levanto, refletindo sobre o tempo que acabei de passar com Deus. "Dá para tirar ótimas fotos também. Pode ficar com esta pedra." Pego minha mochila e a coloco nas costas dizendo: "Vejo você lá no topo."

"Com certeza", responde ele, ainda recuperando o fôlego e pegando sua garrafa de água. "Talvez eu até o ultrapasse — não ficarei aqui muito tempo."

"Sim, claro", respondo. Ambos sorrimos, porque ele sabe o quanto eu sou competitivo — com uma vantagem, não teria como eu deixá-lo me alcançar!

Saí em direção à última metade da subida da montanha. Revigorado pelo descanso, consigo um novo impulso para seguir. Agora posso fazer uma média de vinte passos por pausa intermitente, e acabo levando mais uma hora para finalmente chegar ao topo. Aaron está esperando (faz algum tempo), e já encontrou uma casa de chá em uma vila com vista para diversos vales.

"É aqui que passaremos a noite", diz ele, "e chegamos na hora certa".

"O que você quer dizer?"

"A única igreja nessas vilas fará um encontro aqui esta noite, e parece que poderemos louvar com eles. Você se importaria de encorajá-los com uma mensagem da Palavra?"

"Eu adoraria!"

"Ótimo. Por agora, aproveite e largue sua mochila em um quarto", diz Aaron. "Depois descanse um pouco. Vamos jantar daqui a uma hora. Mais tarde, quando escurecer, a igreja se reunirá do outro lado da rua."

Mal posso esperar! Há muitos dias não encontramos ninguém que tenha ouvido falar de Jesus, então estou ansioso por me reunir com pessoas que não só ouviram falar dele, mas que também o conhecem.

Encontro um quarto, largo minhas coisas, pego meu saco de dormir e entro nele para me esquentar um pouco. Abro minha Bíblia para terminar Lucas 11 e penso um pouco sobre o que compartilhar naquela noite. Mas acabo dormindo, e quando dou por mim, Chris está socando meu saco de dormir. "Acorda, cara! É hora do jantar."

Nós nos reunimos na casa de chá para comer sopa de lentilha e pão. Depois de jantarmos, Aaron nos convida a sair. Está totalmente escuro agora e a visão das estrelas é incrível. Mas Aaron não nos chamou aqui fora para ver as estrelas. Ele aponta para um vale onde podemos ver algumas luzinhas se movendo montanha acima na nossa direção.

"Conseguem ver aquelas luzes?", pergunta ele. Todos concordamos e ele nos diz: "Aqueles são os membros da igreja. Vocês se lembram da caminhada penosa que fizeram hoje até aqui? É exatamente o que eles estão fazendo para chegar até a igreja."

Acanhado, vejo essas luzinhas à distância subindo lentamente a trilha. Penso no estresse que as pessoas em nossa cultura às vezes passam por dirigir 15 minutos ou mais para ir à igreja. Que tal uma caminhada de duas horas subindo a encosta de uma montanha no frio congelante, seguida por outra caminhada de duas horas para voltar, descendo a mesma encosta na escuridão total depois do culto?

É Isso!

A igreja se reúne em uma casa a cerca de cinco minutos de onde estamos. Essa é definitivamente uma "igreja caseira". Imagine uma área em uma casa nos EUA com o tamanho aproximado de um quarto, ou talvez uma sala pequena. Há uma cama no canto (de novo, imagine uma plataforma de madeira com um colchonete fino em cima), algumas prateleiras nas paredes e uma pequena área para cozinhar no canto. Tem uma lâmpada pendurada no meio da sala.

Quando chegamos, a dona da casa nos cumprimenta com um sorriso acolhedor. Ela faz sinal para que nos sentemos em lugares de honra, ou na cama ou ao lado dela. Logo outros chegam, e ficamos chocados em ver quem subiu aquela montanha para vir à igreja. Não são apenas os jovens saudáveis. Há pessoas de todas as idades presentes, de bebês a avós.

Um por um, eles começam a se amontoar, e *amontoar* é a palavra certa. Quando todos chegam, conto mais de cinquenta pessoas sentadas no chão, na cama ou umas em cima das outras. Elas se sentam nas posições mais desconfortáveis com sorrisos no rosto pelas próximas duas horas. Cantam, batem palmas, rezam e ouvem atentamente enquanto compartilho das Escrituras.

Quando orei mais cedo sobre como encorajar esta igreja, pensei em sua formação: homens e mulheres que vivem em um ambiente muito difícil, fisicamente pobres, em uma batalha diária pelas necessidades mais básicas de alimento, água e remédios, e perseguidos por sua fé.

Antes da reunião, o pastor da igreja dividiu comigo que seus pais não cristãos morreram quando ele tinha apenas 15 anos. Alguns anos depois, alguém contou para ele sobre o evangelho pela primeira vez. Ele confiou em Jesus e foi batizado, mas assim que isso aconteceu, o resto de sua família o abandonou. Seus irmãos disseram para que não voltasse nunca mais, e ele perdeu a herança que seus pais lhe deixaram.

Mas esse pastor e seu povo acreditam que Jesus vale a pena. "Vale a pena perder a família por Jesus", disse-me o pastor. Então ele citou Marcos 10:29–30, dizendo,

> Respondeu-lhe Jesus: "Em verdade vos digo: ninguém há que tenha deixado casa ou irmãos, ou irmãs, ou pai, ou mãe, ou filhos, ou terras por causa de mim e por causa do Evangelho que não receba, já este século, cem vezes mais casas, irmãos, irmãs, mães, filhos e terras, com perseguições e no século vindouro a vida eterna."

Nesse cenário mal sei o que dizer. *Quem sou eu para dividir qualquer coisa?*, pergunto a mim mesmo. Claro, fui ao seminário, escrevi livros, fui pastor de igrejas, comandei ministérios, mas, comparado a estes irmãos e irmãs, eu sei muito pouco do custo de seguir Cristo. Comparado a eles, não sei quase nada do que significa depender e confiar em Cristo para tudo o que preciso. Sei muito pouco do que significa correr riscos para difundir seu amor.

Porém, acreditando que a Palavra de Deus é o suficiente para motivá-los, abro em Neemias 8 e em 2 Timóteo 4, e os estimulo a se manterem fiéis à Palavra de Deus, mesmo quando for difícil. Eles assentem com a cabeça enquanto Nabin traduz. Espero que se sintam encorajados.

Mas é só quando termino que fico mais motivado. Depois de nosso tempo na Palavra de Deus, eles começam a compartilhar suas necessidades uns com os outros. Uma mulher mais velha no canto da sala menciona um desafio físico pelo qual está passando e uma mulher do outro lado da sala se oferece para ajudar a cuidar dela. Um homem jovem conta sobre alguém com quem compartilhou o evangelho recentemente que agora o está perseguindo, ameaçando machucar sua família. Em resposta, um homem mais velho conta como a mesma coisa aconteceu com ele, induzindo o pastor a encorajá-los com base em suas próprias experiências de perseguição. Isso leva um casal a contar sobre como dividiram o evangelho com outra família e como essa família acreditava em Jesus. Agora estão pensando em começar uma nova igreja na casa dessa família, em uma vila próxima.

Enquanto observo o que acontece nesta sala e ouço essas conversas entre irmãos e irmãs na família de Deus, minha ficha cai: é isso! É disso que essas vilas e pessoas mais precisam! Com certeza, precisam do evangelho. Sem dúvidas, precisam ouvir as boas novas da graça de Deus que lhes concede vida eterna. Mas também precisam de mais do que isso. Precisam da comunidade — o tipo de comunidade que caminha por duas horas — não para louvar uns com os outros, mas para cuidar e encorajar uns aos outros. O tipo de comunidade que assume a responsabilidade pelas necessidades físicas uns dos outros. Eles precisam de irmãos e irmãs que, como lemos em Marcos 10, sustentem uns aos outros como uma família e amem ao próximo como a si mesmos (Lucas 10). E essas vilas precisam de uma comunidade de homens e mulheres que ainda corram um grande risco pessoal para compartilhar as boas novas no mundo com pessoas que nunca ouviram falar delas.

Ou seja, essas vilas e seu povoado precisam da igreja. A igreja como Deus a projetou. Um povo que corajosamente se mantém fiel à Palavra de Deus enquanto abnegadamente se sacrifica para compartilhar e mostrar o amor de Deus em meio às necessidades à sua volta.

Esse tipo de igreja pode mudar o mundo!

Pensando bem, é surpreendentemente simples. Essa igreja tem muito pouco das coisas que eu e você pensamos quando falamos em igreja na nossa cultura. Eles não têm um prédio bonito. Uma banda boa. Um pastor carismático. Programas. Eles só têm uns aos outros, a Palavra de Deus à sua frente e o Espírito de Deus entre eles. E, aparentemente, isso basta.

Imagino se isso seria o bastante para nós. Imagino se seria o suficiente para mim. Você e eu ficaríamos satisfeitos em pertencer a uma comunidade que está simplesmente comprometida em buscar a Deus, amar uns aos outros e compartilhar as boas novas de Seu amor com o mundo à nossa volta independentemente do que isso nos custe? Essa não é a essência da igreja de acordo com os planos de Deus?

Ao me sentar em meio a essa família de irmãos e irmãs nessa encosta remota, não consigo deixar de pensar no quanto é fácil se envolver em tantas coisas extras na igreja que acabamos perdendo a essência de quem Deus nos chamou para ser e o que nos pediu para fazer. Penso no que li em Lucas 11 antes do jantar. Lá, Jesus confronta os líderes do povo de Deus porque não conseguiam entender os planos de Deus para sua comunidade. Um versículo em particular se destaca:

Ai de vós, fariseus, que pagais o dízimo da hortelã, da arruda e de diversas ervas e desprezais a justiça e o amor de Deus. No entanto, era necessário praticar estas coisas, sem contudo deixar de fazer aquelas outras coisas. (Versículo 42)

Jesus acusa os líderes religiosos porque estavam tão concentrados nas pequenas coisas, incluindo suas tradições (que não eram de todo ruins), que desprezaram as coisas mais importantes na Palavra de Deus — a saber, a disseminação do amor e da justiça de Deus. E eu me pergunto se a mesma acusação poderia ser feita contra líderes da igreja como eu, e da cultura da igreja que você e eu fazemos parte. Não é tão fácil nos concentrarmos nas pequenas coisas na igreja, incluindo nossas tradições (que não são de todo más), que acabamos desprezando as coisas mais importantes — a saber, trabalhar pela justiça entre os oprimidos e amar as pessoas necessitadas como amamos a nós mesmos?

Considerando todas as faces da necessidade espiritual e física urgentes que vi apenas nos últimos dias, desejo fazer parte de uma igreja como essa. Quero ser parte de uma comunidade que está simplesmente comprometida com as coisas mais importantes: cuidar dos feridos com compaixão e espalhar o amor de Deus aos desesperançosos com coragem. Quero ser parte de um povo que se mantém corajosamente fiel à Palavra de Deus enquanto abnegadamente se sacrifica para compartilhar e mostrar o amor de Deus em meio às necessidades urgentes do nosso mundo. O tipo de igreja que pode mudar o mundo.

Enquanto esses pensamentos inundam minha mente, o pastor me pede para orar para sua igreja no fechamento de nossa reunião. É claro que fico honrado. Mas me sinto tão humilde, pois sei que sou aquele que mais tem que aprender nessa sala.

Então eu rezo, ousadamente,

Deus, por favor, mostra-te forte em nome desses irmãos e irmãs. Rezo para que supra todas as necessidades deles. Rezo para que os ajude a se manterem fiéis à sua Palavra em meio à oposição. E rezo para que os ajude a espalhar seu amor nas vilas e pelas montanhas em meio à perseguição. E Deus, rezo para que ajude aqueles de nós que estamos de visita aqui esta noite e as igrejas das quais fazemos parte em casa para que nos juntemos a nossos irmãos e irmãs aqui em ser a igreja que você nos chamou e nos criou para ser. Em nome de Jesus, amém.

Reflexões

O que poderia ser diferente em sua vida se você amasse as pessoas necessitadas tanto quanto ama a si mesmo? Como justificaria não amar pessoas necessitadas dessa forma?

Que coisas pequenas (e até boas) você e/ou a sua igreja se concentra para evitar focar as coisas mais importantes?

Que orações ousadas você está preparado para fazer?

Dia 5: Enfermeiros, Professores e Especialistas em Cocô de Truta

Encarregado de Muita Coisa

Finalmente, uma nova muda de roupas! Revigorado e exultante depois do encontro com a igreja na noite anterior, decido na manhã seguinte que quatro dias é o suficiente para um conjunto de camadas, então é hora de trocá-las por outras. Tenho certeza de que o novo conjunto durará os três últimos dias. Além do mais, Aaron nos disse ontem à noite que, na maior parte do dia, caminharíamos descendo a montanha, indo para elevações mais baixas pelo resto do caminho, o que significa temperaturas mais amenas nas trilhas. Haverá momentos até em que mangas curtas bastarão, porque suaremos bastante.

Sentindo-me renovado para o dia em minha nova muda de roupas, deito-me em meu saco de dormir para ler Lucas 12. Enquanto escrevo no diário, minha atenção é atraída especificamente a duas parábolas:

> E propôs-lhe esta parábola: "Havia um homem rico cujos campos produziam muito. E ele refletia consigo: 'Que farei? Porque não tenho onde recolher minha colheira.' Disse então ele: 'Farei o seguinte: derrubarei os meus celeiros e construirei maiores; neles recolherei toda a minha colheita e os meus bens. E direi à minha alma: ó minha alma, tens muitos bens em depósito para muitíssimos anos; descansa, come, bebe e regala-te.'"
>
> "Deus, porém, lhe disse: 'Insensato! Nesta noite ainda exigirão de ti a tua alma. E as coisas, que ajuntaste, de quem serão?'"
>
> "Assim acontece ao homem que entesoura para si mesmo e não é rico para Deus." (Versículos 16–21)

Que contraste brusco entre onde estou deitado agora e onde moro. Estou cercado de terras improdutivas, não por uma abundante. Todos os dias é uma luta por aqui para satisfazer as necessidades de alguém. Ninguém constrói grandes celeiros para armazenar colheitas extras. Ninguém tem uma poupança ou um plano de aposentadoria com o a qual contar em tempos difíceis. Enquanto isso, a estabilidade e o sucesso em minha cultura são realmente definidos por celeiros maiores. Casas maiores para acomodar todas as nossas posses. Contas bancárias maiores para garantir que estaremos bem em qualquer circunstância. Assim, podemos relaxar e aproveitar tudo o que este mundo tem a oferecer. Ainda assim, Deus rotula tal estilo de vida como insensato. Armazenar mais posses e mais prazeres no mundo é uma receita para desperdiçar sua vida. Se você realmente quiser ser rico, seja generoso em relação a Deus e aos outros. Esse é o jeito sensato de viver.

O Senhor replicou: "Qual é o administrador sábio e fiel que o senhor estabelecerá sobre os seus operários para lhes dar a seu tempo a sua medida de trigo? Feliz daquele servo que o senhor achar procedendo assim, quando vier! Em verdade vos digo: confiar-lhe-á todos os seus bens. Mas, se o tal administrador imaginar consigo: 'Meu senhor tardará a vir', e começar a espancar os servos e as servas, a comer, a beber e a embriagar-se, o senhor daquele servo virá no dia em que não o esperar e na hora em que ele não pensar, e o despedirá e o mandará ao destino dos infiéis. O servo que, apesar de conhecer a vontade de seu senhor, nada preparou e lhe desobedeceu será açoitado com numerosos golpes. Mas aquele que, ignorando a vontade de seu senhor, fizer coisas repreensíveis será açoitado com poucos golpes. Porque, a quem muito se deu, muito se exigirá. Quanto mais se confiar a alguém, dele mais se há de exigir." (Versículos 42–48)

Ao ler esse último versículo, fico novamente espantado pelo quanto recebi. Como posso começar a exprimir a riqueza que Deus me concedeu desde o dia em que nasci? Nem por um dia da minha vida tive que me preocupar em ter água potável ou comida suficiente. Sempre tive todas as roupas e abrigos que precisei. Nunca me faltou remédio quando estive doente. Tive acesso aos mais altos níveis de educação do mundo.

Sempre que precisei, tive renda suficiente para cobrir não apenas as minhas necessidades, mas desejos aparentemente infinitos. Além de todas essas coisas, tive uma mãe e um pai, uma família e amigos, que me amaram e cuidaram de mim a vida toda. E o mais importante de tudo, conheço o evangelho e tive um relacionamento com Deus desde que me conheço por gente.

Essa escritura bem conhecida "a quem muito se deu" certamente é uma descrição adequada da minha vida. E isso significa que a conclusão é inevitável. Dele "muito se exigirá".

Ó Deus, o que queres que eu faça? O que queres que minha família faça? Farei o que for preciso. E ainda enquanto rezo por isso, sei que sou alguém tão propenso a priorizar meus próprios desejos. Seguir meus próprios planos e prazeres. Ó Deus, por favor me ajude a fazer o que quiseres que eu faça com tudo o que me destes.

O Lado Esquerdo

Depois do café da manhã, vestimos nossas mochilas e descemos a montanha em direção a uma vila que podemos enxergar em um vale distante, no distrito de Nujiang. Caminhar na descida não exige tanto de nossos músculos quanto na subida, mas causa tensão extra em nossas articulações. A cada passo, sentimos a pressão crescente nos tornozelos e joelhos. E também aumenta a probabilidade de um escorregão. Podemos achar que determinada pedra é estável para pisar, mas às vezes não é o caso, e quando vemos, caímos e encontramos o chão de modo nada agradável.

A certa altura chegamos em uma bifurcação na trilha, e Nabin, que nos lidera, diz que ambas as rotas acabam no mesmo lugar, a algumas centenas de metros montanha abaixo. Então eu pergunto: "Qual é a mais rápida?"

"A da esquerda."

A esse ponto, Aaron chega e, ouvindo o final de nossa conversa, diz: "Isso é o que Nabin acha, mas eu acho a da direita mais rápida."

"Aaron não sabe do que está falando", responde Nabin, com um sorriso.

Bom, eu sou um cara competitivo, e posso sentir uma oportunidade de competição quando vejo uma. Então pergunto: "Por que não apostamos, então? Nabin e eu pegaremos a da esquerda e vocês podem ir pela da direita. Veremos quem chega lá primeiro."

Aaron sorri e concorda, bem como Nabin. Para mim, é um daqueles momentos em que faço alguma coisa sem pensar direito. Já estou tendo bastante dificuldade em descer a montanha com cuidado, e acabei de me oferecer para correr esta parte dela? Eu me conheço bem o bastante para saber que entrei nessa para ganhar, o que significa que não serei necessariamente cuidadoso. Mas já estou comprometido.

"Preparar, apontar, fogo!", diz Aaron, começando a corrida.

Nós disparamos, a equipe de Aaron pela direita e Nabin e eu pela esquerda. Rapidamente percebo que Nabin fez isso muitas vezes antes. Ele sabe onde pisar e onde não pisar, e eu tento imitar cada um de seus movimentos. Com o aumento do nosso impulso, minha ansiedade também cresce. Estamos correndo montanha abaixo e eu não tenho ideia de como vamos parar.

Meu medo se materializa quando vejo Nabin repentinamente puxando o freio ao se agarrar em um galho acima dele para interromper seu movimento, então faço o mesmo do melhor jeito possível. E é aí que percebo por que essa parada tão abrupta foi necessária: Nabin e eu estamos agora parados no topo de um pequeno penhasco.

Mais tarde ficarei sabendo que é por causa desse penhasco que Nabin acha que esse é o caminho mais rápido — porque o único jeito de descer é pular e escorregar pela descida íngreme sobre uma rocha solta. Se eu soubesse disso, teria engolido minha arrogância com prazer e seguido Aaron. Mas é tarde demais agora e eu não quero perder.

"Você ficará bem", diz Nabin, certamente vendo a preocupação em meu rosto. "Só faça o mesmo que eu."

Nabin pula rapidamente e desliza, ficando de pé com facilidade. Eu o sigo. Digamos apenas que não fiz parecer tão fácil, e não fiquei de pé! Mas consegui, e é isso que importa.

"Vamos", diz Nabin, "estamos quase lá".

Eu me levanto do chão e corro atrás dele. A última coisa que quero é ter pulado de um penhasco em vão, só para perder a corrida. Agora, vencer é tudo!

Então Nabin e eu corremos o máximo que podemos pela segunda metade da trilha. Sou um homem selvagem agora! Alguma coisa nesse pular de um penhasco e deslizar elimina todo o medo de qualquer coisa que esteja por vir. Antes de percebermos, chegamos em uma clareira. Não há mais ninguém lá. "Conseguimos! Ganhamos deles", diz Nabin, com um sorriso tomando conta de seu rosto.

Eu também dou risada. Poucos segundos depois Aaron e Chris aparecem detrás da curva, com Sigs e todo o seu equipamento logo atrás.

É nessa hora que Aaron me conta sobre o penhasco... e por que ele sempre evita o lado esquerdo da trilha.

Valeu.

Posto Avançado de Saúde

Embora pudéssemos ver a vila à distância do topo da montanha, levamos algumas horas de caminhada para chegar lá. Paramos na primeira construção que vimos, e Aaron nos convida para entrar.

"Deixe-me apresentá-los a Maya", diz ele ao se virar para uma mulher com seus trinta e poucos anos vestindo um jaleco médico. "Maya cresceu na capital. Terminou o segundo grau e foi para a universidade para estudar enfermagem. Agora se mudou para esta vila para oferecer tratamento médico."

Maya sorri timidamente.

Aaron explica que antes de Maya chegar aqui, não havia tratamento médico disponível por perto. Se alguém ficasse doente em diversas vilas próximas, a pessoa teria que caminhar quilômetros montanha abaixo em direção à cidade para obter ajuda.

"Isso obviamente significa que as pessoas tinham que estar saudáveis o bastante para fazer essa caminhada", diz Aaron. "Se não conseguissem caminhar, não conseguiriam tratamento."

Quando Maya terminou a universidade, Aaron perguntou se ela estava disposta a se mudar para esta vila remota com o objetivo de dirigir um posto avançado de saúde que ele estava abrindo. "Maya tinha muitas opções", explica Aaron, "e todas elas tinham salários melhores e ofereciam mais conforto. Mas ela escolheu vir para cá".

Corada pela atenção dada a ela, Maya diz gentilmente: "Eu só quero fazer o que Deus quer que eu faça com o que Ele me deu."

Ouvindo-a dizer isso, lembro-me da oração que fiz mais cedo naquela manhã. Suas palavras são quase idênticas às de minha oração: "Deus, por favor me ajude a fazer o que quiseres que eu faça com tudo o que me destes."

Agora me vejo pensando: *eu estaria disposto a fazer isso? Se estivesse no lugar de Maya, viria para cá sozinho, sacrificando todos os tipos de confortos e oportunidades de avançar em minha carreira para servir às pessoas nesta vila remota e distante?* Eu gostaria de pensar que minha resposta seria sim, mas não tenho certeza.

"Você pode mostrar o local para eles?", pergunta Aaron a Maya.

"Com prazer", responde ela, e nós começamos nosso tour. Ele dura todos os dois cômodos, um que ela chama de farmácia. Prateleiras cheias de todos os tipos de remédios que ela e Aaron trabalharam duro para conseguir para os pacientes que precisam deles. Eles incluem vacinas e medicamentos básicos para doenças comuns. "Estamos tentando aumentar o volume do nosso estoque", explica Maya, "pois quanto mais aldeões conseguimos ajudar, mais viajam de áreas remotas para conseguir remédios".

Então Maya nos leva para um pequeno consultório de exames, onde ela recebe os pacientes. Há uma pequena mesa de madeira simples no meio da sala para o paciente se sentar ou deitar. Existem algumas ferramentas médicas ao lado dela. Há também um arquivo para Maya manter os registros de seus pacientes. Enquanto fala de seu trabalho, ela irradia uma alegria humilde pela diferença que viu este posto avançado fazer na vida de muitas pessoas, não apenas física, mas também espiritualmente. "Elas têm tantas necessidades físicas", diz Maya, "mas ainda sei que sua maior necessidade é espiritual".

Concordo enquanto vejo e ouço essa querida irmã em Cristo acabar completamente com a tensão com a qual tenho lutado entre compartilhar o evangelho e fazer o trabalho social. Nunca ocorreu a Maya desconectar essas duas ênfases. Ela sabe que está cercada por necessidades físicas urgentes, e está trabalhando duro todos os dias sozinha nesta vila para ajudar a realizar a cura física. Ao mesmo tempo, sabe que a maior necessidade de todos é muito mais profunda do que qualquer remédio ou tratamento poderia fornecer, então está disposta a dar a sua vida à proclamação do evangelho para que mais pessoas possam experienciar a cura em seus corações.

Antes de irmos embora, agradeço a Maya pelo exemplo que ela é para mim do que significa fazer qualquer coisa que Deus nos chame para fazer e fazê-lo com alegria e prazer. Com isso, nos reunimos ao redor de Maya para orar por ela e pelo posto avançado de saúde.

Saímos e colocamos as mochilas nas costas, sem perceber que conhecer Maya é apenas o começo de encontros similares hoje com homens e mulheres que nos desafiarão, condenarão e encorajarão com seus exemplos.

Mais do que Educação

Seguimos vila adentro e, entre a trilha e o rio, chegamos a uma escola formada por quatro construções retangulares, com um pátio no meio onde os estudantes podem se reunir para atividades ao ar livre.

Saímos da trilha, e Aaron nos diz para largar as mochilas. Na primeira construção, ouvimos vozes de crianças vindo de dentro das salas. Aaron nos convida para entrar e observar a primeira sala que encontramos.

Nela vemos cerca de trinta crianças sentadas em quatro longos bancos. Nossa presença na sala interrompe tudo imediatamente enquanto os alunos se viram para nos olhar. Eles começam a sussurrar e apontar, sorrindo e dando risadas. Seus professores, um nascido neste país e o outro que se mudou para cá de outro país, tentam recuperar sua atenção e pedem que nos cumprimentem como convidados no seu idioma. Depois os professores sugerem que as crianças cantem uma música que aprenderam recentemente, e elas obedecem com alegria. Enquanto seus rostos iluminam a sala e suas vozes preenchem o ar, mexendo as mãos como acompanhamento, penso imediatamente na minha esposa. Heather é professora do ensino fundamental, e ela teria adorado estar aqui agora.

Seguimos nosso caminho pelas outras construções e outras salas, onde cenas parecidas acontecem. Então chegamos à quarta construção, que não é uma sala de aula, mas um dormitório e uma cozinha.

"As crianças dormem aqui?", pergunto a Nabin.

"Não, elas vão e voltam todos os dias de suas vilas."

"Então quem mora aqui?", pergunto.

"Os professores", responde Nabin. "Nenhum deles é desta vila. Todos os professores asiáticos se formaram na cidade na base das montanhas e escolheram vir para cá e trabalhar nesta escola que estávamos abrindo."

Enquanto escuto, fica óbvia a comparação com a vida de Maya.

"E como você notou", acrescenta Nabin, "também existem professores de outros países. Eles, é claro, estudaram em outro lugar e se mudaram para cá para ensinar".

Enquanto escuto Nabin, caminho pela sala. Há uma área com beliches para professoras, uma área separada com beliches para professores, e mais uma área separada para um casal que mora e ensina aqui. As poucas roupas e posses de cada professor estão bem organizadas em volta de seus beliches.

Na pequena cozinha, os professores preparam seu café da manhã e jantar, bem como o almoço para si e para os alunos. Do outro lado há um pequeno anexo com dois vasos sanitários no estilo turco (ou, como algumas pessoas chamam, privadas de chão), e outro cômodo para banho.

"Isso não é um estilo de vida fácil", digo, em voz alta, sem pensar em ninguém que estivesse à minha volta.

"Eles não se mudaram para cá porque acharam que seria fácil", responde Nabin.

Com isso, voltamos ao pátio, para onde todas as crianças estão indo para o intervalo. Vejo-as correr e brincar. Essa não é a hora de descanso dos professores, já que as crianças dançam em volta deles, pulam em suas costas e em seus braços para serem carregados e balançados. Enquanto vejo as crianças sorrindo, dando risadinhas, gargalhando e brincando, vejo professores que acreditam que elas e suas famílias são dignas do que é preciso para viver aqui.

Aaron vem até mim e diz: "Antes dessa escola ser construída, essas crianças não tinham nada. E até mesmo depois de pronta, tivemos que encontrar professores, uma tarefa nada fácil. Mas Deus concedeu. E agora, pela primeira vez, essas crianças têm acesso à educação.

"E o ensino é só o começo", continua Aaron. "Porque esses professores amam essas crianças, e também conhecem suas famílias. Com isso, aprendem mais sobre as necessidades da comunidade, e trabalham com o posto avançado de saúde ou outros para cuidar dessas necessidades. E no meio de tudo isso..."

"Deixe-me adivinhar", interrompo Aaron. "Eles se concentram na maior necessidade das pessoas, que é o evangelho."

"Você está aprendendo", ri Aaron. "Esses professores são fervorosos em relação à necessidade física [neste caso, a educação] e à necessidade espiritual [em todos os casos, o evangelho]. Eles não escolhem uma ou outra, mesmo quando priorizam a espiritual. Sabem que a educação é importante para abrir todos os tipos de portas. Mas também sabem que só a educação não abrirá a porta da vida eterna."

Trutas e Vegetais

Com o fim do intervalo e as crianças de volta a suas salas, Aaron diz: "Eu quero apresentá-los a outra pessoa na casa de chá logo ali." Então pegamos nossas mochilas e o seguimos de volta para a trilha.

Quando chegamos na casa de chá, entramos e sentamos à mesa para um almoço tardio (ou, na verdade, um jantar mais cedo, já que é aqui que passaremos a noite). Pedimos o de sempre: sopa de lentilha, pão e (você adivinhou) chá de masala. Alguns minutos mais tarde, um homem branco forte, barbudo e corpulento, que eu suponho ter seus sessenta e poucos anos, entra.

"Ben!", grita Aaron, sorrindo, antes de os dois trocarem um aperto de mão e darem tapinhas nas costas um do outro.

Aaron se vira e apresenta cada um de nós a Ben. Depois que eles se sentam, escutamos enquanto se atualizam brevemente. Ben conta como sua esposa, Annie, está se adaptando bem à comunidade, e suas duas filhas, que terminaram a faculdade nos EUA, estão ótimas. Depois de mais conversas entre eles, Aaron se vira para nós e diz: "Escutem, eu quero que todos vocês ouçam o que Ben faz. Ele e sua esposa se mudaram para esta vila há pouco tempo e estão fazendo uma grande diferença de um jeito único. Ben, por favor, não seja tímido", diz Aaron enquanto se vira para ele. "Conte a eles tudo sobre você, o cocô de truta e o evangelho."

Isso desperta nossa curiosidade!

"Bom", começa Ben, com um sotaque arrastado de sulista norte-americano, "minha vida inteira estive envolvido em engenharia agrícola no sul… isto é, no sul dos EUA" (como se achássemos que ele pudesse ser originalmente do sul da Ásia). "Mas então viajei para cá com Aaron, e vi a necessidade de alimento nestas vilas. O solo não é bom para plantar vegetais, mas isso me fez começar a pensar em maneiras de ajudar.

"Então planejei outra vinda para cá e comecei um pequeno experimento. Coloquei alguns peixes em um pequeno tanque com água e criei uma engenhoca com canos de PVC para circular a água do tanque para uma plataforma com plantas. Então fiz com que essa água voltasse ao tanque de peixes depois de ser exposta às plantas. Chamei isso de aquaponia."

Ele conquistou toda nossa atenção — nenhum de nós achava que encontraria algo assim em uma vila tão remota.

"Começa com o cocô de peixe", diz Ben animado. "O cocô do peixe é lançado na água. E é cheio de nitrato, a forma do nitrogênio que as plantas usam para crescer. Então, basicamente, o cocô do peixe se transforma em comida de planta. E à medida que a planta se alimenta, limpa a água para os peixes, que então é reciclada de volta para que eles vivam nela. Assim, os peixes e as plantas se ajudam a crescer, e temos um suprimento contínuo de comida e vegetais."

"Adorei isso. Que criativo", diz Sigs.

"O experimento funcionou bem da primeira vez, mas precisávamos fazer algumas mudanças. Então voltei em uma terceira viagem com minha esposa, e tentamos usar energia solar para sustentar o sistema. Conseguimos fazer com que funcionasse e também aprendemos a usar bamboo para bombear a água. A produção foi incrível, mesmo fazendo isso em uma escala bem pequena. E vimos a diferença que poderia fazer na vida das pessoas destas vilas."

"Não consigo dizer o quanto fiquei animado com o que aconteceu depois!", diz Aaron.

"Foi aí que minha esposa e eu decidimos que Deus estava nos chamando para cá", conclui Ben. "Já que Ele me deu a habilidade de criar esses tipos de sistemas, e as pessoas aqui que não têm alimento suficiente poderiam viver e prosperar se eu apenas usasse o que Deus me deu, nossa decisão de vir para cá não foi difícil."

Dons Singulares

Enquanto ouço Ben falar, Lucas 12:48 volta à minha mente: "Porque, a quem muito se deu, muito se exigirá." Outros ao redor da mesa começam a fazer perguntas a Ben sobre como funciona a aquaponia. Depois de algumas frases, minha atenção se esvai, porque estou totalmente fascinado pelo exemplo de Ben.

Penso em minha própria vida. Definitivamente não tenho habilidades em engenharia agrônoma, e nunca conseguiria fazer o que Ben faz. Minha esposa pode testemunhar minha inutilidade completa quando se trata de qualquer coisa ao ar livre: pesca, caça, jardinagem, construção… literalmente qualquer coisa ao ar livre. Mas isso que é bom em ouvir Ben. Nós dois temos formações, experiências, dons e paixões totalmente diferentes, mas temos papéis singulares ao usar o que Deus nos deu para espalhar seu amor e satisfazer as necessidades urgentes do mundo.

E *singular* é a palavra certa. Aqui estou, com anos de treinamento de seminário e experiência em liderança de ministérios, ambas as coisas que quero usar pela glória de Deus no mundo. Mas, neste momento, observo este irmão em Cristo que, até onde eu saiba, não tem treinamento de seminário ou experiência formal em liderança de ministério. Ainda assim, ele prospera no trabalho aqui com essas pessoas de forma que claramente eu jamais conseguiria.

Levando isso um passo além, seria quase impossível para mim obter um visto para viver neste país com minhas qualificações. Governos em países como este, nos quais o evangelho não chegou, geralmente trabalham para manter pastores e missionários afastados. Mas pessoas como Ben têm um convite aberto por suas habilidades e pela assistência que trazem consigo.

Lembro-me de outro homem que conheci recentemente em um avião. Ele me reconheceu de alguns vídeos de estudos bíblicos e começamos a conversar. Seu nome era Hugh e ele era de Demopolis, Alabama (pense na cidadezinha descrita na música Sweet Home Alabama). Perguntei a ele para onde estava indo, e ele me disse que viajava para o México para sua madeireira. Perguntei a ele se havia expandido seu negócio para outros países, e ele começou a me contar que estavam trabalhando agora no leste e no sudeste da Ásia, e tentavam expandir para o Oriente Médio.

Ao lembrar dessa conversa, imagino se Hugh alguma vez pensou em como Deus está abrindo essas portas, não apenas para distribuir a madeira por meio de seu trabalho, mas para difundir o evangelho por intermédio de sua vida.

Isso me traz outro homem à mente, cuja história é estranhamente similar à de Ben (ambas envolvem resíduos!). Esse homem tem um negócio de cama para cavalos, também no Alabama. Ele tem tido bastante sucesso, porque no norte do Alabama há um certo tipo de árvore com a madeira excepcionalmente capaz de absorver a urina do cavalo, o que a torna ótima para camas de cavalos. Um dia, eu estava sentado em uma reunião com esse homem e outros líderes de negócios que estavam explorando diferentes locais para expandir para o Oriente Médio que poderiam ajudar a difundir o evangelho por lá. Ao observarmos a lista de indústrias em potencial, a de camas de cavalos era uma delas. Os olhos desse homem brilhavam: ele viu o potencial de suas camas para cavalos ajudarem a promover a causa de Cristo no Oriente Médio! Eu ri ao pensar na criatividade de Deus — como, em sua soberania, criara uma árvore no norte do Alabama para absorver a urina do cavalo de forma singular para difundir o evangelho no Oriente Médio.

Minha mente se inunda de outros exemplos. Penso em amigos que se mudaram para o norte da África, onde agora têm um próspero negócio de tapetes. Eles viajam para as vilas e compram tapetes norte-africanos antigos e pagam para que sejam restaurados e limpos. Assim, ajudam fornecendo assistência financeira para as pessoas nas vilas e ao mesmo tempo têm oportunidades de compartilhar o evangelho com elas.

Reúno tudo isso e não consigo evitar de imaginar se Deus projetou a globalização do mercado atual para abrir caminhos para difundir o evangelho pelo mundo. E não tem como não crer que Deus tenha dado a várias pessoas formações, experiências, dons e paixões únicas que possam ser usadas de formas que nunca imaginaríamos.

E se pensássemos assim como cristãos? E se todos nós pensássemos como Ben? E se cada um de nós realmente considerasse todas as formas que poderíamos desempenhar um papel único na difusão do evangelho em lugares onde ele ainda não chegou?

Sal e Luz

A essa altura, Sigs opina. "Ouvindo você, Ben, fico imaginando como posso usar a fotografia para trabalhar pelo mundo para difundir o evangelho."

"Se cocô de truta pode ser usado para isso, acho que a fotografia também pode", responde Ben.

Aaron entra na conversa. "Só pense no que aconteceria se os seguidores de Cristo aproveitassem oportunidades como essa." Isso leva a uma discussão sobre as diferentes maneiras que os seguidores de Jesus poderiam desempenhar seus papéis.

Falamos de alunos do ensino médio que pagarão ou conseguirão bolsas para ir à faculdade ou universidade em algum lugar. E se esses alunos começassem a buscar oportunidades de ir a escolas em países em que o evangelho é pouco conhecido? Eu falo de um artigo que li sobre muitas faculdades e universidades no exterior que darão bolsas integrais a estudantes norte-americanos em um programa de formação (com aulas em inglês).

Chris diz: "Que diferença seria se o aluno de ensino médio não pensasse na faculdade em termos do time preferido de futebol, qual parece mais legal ou mais confortável para ele, mas pensasse em onde poderia estudar enquanto difundisse o evangelho entre pessoas que nunca ouviram falar dele."

Então Sigs nos conta de alguns estudantes que ele ouviu falarem que queriam sair da escola para trabalhar pela justiça no mundo. Mas o que muitos deles não conseguem reconhecer é o excesso de oportunidades de trabalhar pela justiça como resultado da sua formação. "Afinal", diz Sigs, "conhecemos professores hoje que estão investindo suas vidas nessas crianças, não porque pararam de estudar, mas porque se formaram com excelência".

E continua: "Conheço uma jovem que se formou em enfermagem e começou a procurar oportunidades de emprego no exterior. Isso a levou ao Oriente Médio, onde começou a trabalhar em um hospital estratégico de uma grande cidade. Hoje ela é chefe de enfermagem nesse hospital e realiza estudos bíblicos regulares em seu consultório. Ninguém a impede porque ela é ótima em enfermagem."

Essa história me faz pensar o que aconteceria se os alunos trabalhassem duro com o objetivo de se formar a fim de que as nações pudessem clamar para que fossem até elas e as portas se abrissem para a difusão do evangelho onde ele ainda não chegou.

"Não só estudantes ou profissionais", diz Ben. "Agora que estou com sessenta e poucos anos, penso na aposentadoria e como o dinheiro do Tio Sam poderia ser usado não só para jogar golfe na Flórida, mas para divulgar o evangelho em outros países."

Falo de um país no sudeste da Ásia que está oferecendo grandes incentivos financeiros agora para atrair ocidentais a se aposentarem lá. Esse país tem milhões de pessoas que nunca ouviram falar do evangelho. "O que aconteceria", pergunto, "se os cristãos — talvez até um grupo da mesma igreja — escolhessem se aposentar nesse país tanto para aproveitar seus últimos anos juntos como também para revelar Jesus aos perdidos?"

Enquanto conversamos, fica claro que o exemplo de Ben ampliou nossa compreensão das oportunidades de ser luz e sal nos "confins da terra" (Salmos 65:5). Imagino o que aconteceria se mais Bens, incluindo você e eu, levassem Lucas 12:48 a sério.

O Maior Tesouro

Depois que comemos, Ben nos leva para a fazenda de trutas. Lá conhecemos sua esposa, Annie, e juntos eles nos mostram como tudo funciona. De fato, o cocô de truta é muito mais fascinante do que poderíamos imaginar.

Então todos voltamos para a casa de chá, e lá Maya e outros professores da escola se juntam a nós em um momento de oração. Aaron me pede para compartilhar algo com todos da Palavra, então abro Lucas 12, a mesma passagem que li esta manhã. Leio em voz alta as seguintes palavras de Jesus:

Não temais, pequeno rebanho, porque foi do agrado de vosso Pai dar-vos o Reino. Vendei o que possuís e dai esmolas; fazei para vós bolsas que não se gastam, um tesouro inesgotável nos céus, aonde não chega o ladrão e a traça não destrói. Pois onde estiver o vosso tesouro, ali estará também o vosso coração. (Versículos 32–34)

Enquanto compartilho com o grupo, destaco como Jesus não está falando para que seus discípulos sacrifiquem os tesouros em suas vidas. Em vez disso, ele os encoraja a buscar o maior tesouro de suas vidas — o tipo que durará para sempre. Está estimulando-os a viver pelo tesouro de longo prazo que nunca perderão, não o de curto prazo que não conseguirão manter.

Isso é exatamente o contrário de como o mundo pensa e funciona. Queremos recompensas e queremos agora. Queremos aproveitar esta vida ao máximo neste instante (até anunciamos o cristianismo como a chave para nossa melhor vida agora). Mas certamente parece que a mensagem de Jesus fala mais de nossa melhor vida depois. E para sempre. Na verdade, Jesus diz a seus discípulos para doarem suas posses neste mundo agora àqueles que necessitam de forma que os levará ao prazer eterno no reino dos céus.

Há quase um toque de motivação egoísta nas palavras de Jesus, não é? Pensando bem, essa passagem não é realmente um chamado para o sacrifício tanto quanto é um chamado para a satisfação. Jesus está chamando seus seguidores a conseguirem o máximo do maior tesouro quanto puderem.

Essa, digo ao grupo, é a imagem que vejo trabalhando em suas vidas. Todos eles fizeram isso. Abandonaram todos os tipos de prazeres neste mundo para viver e trabalhar neste local. Venderam e doaram todos os tipos de posses. Deixaram de lado várias buscas e prazeres. Mas uma coisa está clara: estão vivendo pelo tesouro. O maior tesouro. Pelo tipo de tesouro que durará para sempre.

Faço uma pausa e observo seus rostos à minha volta. Penso na oração que escrevi no começo do dia:

Ó Deus, por favor me ajude a fazer o que quiseres que eu faça com tudo o que me destes.

Agora, no fim do dia, vejo um círculo de homens e mulheres dos 20 aos 60 anos, e eles estão fazendo o que Deus os chamou para fazerem com o que deu a eles. Então, simplesmente o motivo: "Alguns dias, enquanto trabalham no posto avançado de saúde, ensinam aquelas crianças, trabalham com o sistema de aquaponia e compartilham o evangelho com as pessoas à sua volta, poderão se perguntar se tudo isso vale a pena. Alguns dias poderão imaginar se isso vale o sacrifício que estão fazendo e os desafios que encaram. E eu só quero lembrá-los, nas palavras de Jesus, de que vale a pena. Vocês estão vivendo pelo que permanece. E não há nada neste mundo que chegue perto de se comparar ao tesouro que vocês estão armazenando não só para si, mas para homens, mulheres e crianças por todas essas montanhas."

À medida que as palavras saem da minha boca, elas voltam direto para o meu coração, porque quero viver por um tesouro como esse. De fato, quero fazer tudo o que Jesus me chamou para fazer com tudo o que Deus me deu.

Depois de encerrar em oração e todos nos despedirmos, mal posso esperar para chegar em meu quarto. Lá, abro a mochila, pego meu diário e escrevo,

Ó Deus, eu quero usar qualquer dom que tenhas me dado para divulgar o teu evangelho pelo mundo. Quero usar tudo o que confiastes a mim para armazenar o tesouro que durará para

sempre. Então, o que queres que eu faça? Queres que me mude para um lugar como este? Estás me chamando para dar minha vida a estas pessoas, fazer discípulos e treinar pastores? De certa forma, parece fácil: mudar para cá! Há tão pouco evangelho, tão poucas igrejas, tão poucos pastores e tanta necessidade. Tantas oportunidades para armazenar o tesouro eterno! Por que eu não viria para cá? Só consigo imaginar não vir para cá se eu estiver fazendo mais nos EUA para mudar o que acontece aqui do que o faria realmente morando aqui. Ó Deus, por favor, me conduza e me guia — e a Heather e a nossos filhos — pelo teu Espírito, de acordo com a tua vontade. Quero fazer tudo o que me chamas para fazer com tudo o que me destes para fazê-lo. Jesus, quero viver pelo tesouro real, duradouro, infinito e sempre satisfatório! Amém.

Reflexões

"Porque, a quem muito se deu, muito se exigirá. Quanto mais se confiar a alguém, dele mais se há de exigir." (Lucas 12:48) O que, pessoalmente, lhe vem à mente quando lê esse versículo?

Pensando criativamente, quais oportunidades existem à sua volta no momento para usar os dons singulares que Deus lhe deu para amparar os necessitados e difundir a esperança do evangelho? Como esses mesmos dons poderiam ser usados em locais distantes de onde você mora?

Dia 6: Como um Rei se Preparando para a Guerra

Um Amor Superior

Acordo me sentindo tenso esta manhã. Não que essa viagem já não tenha tido bastante tensão, mas ontem à noite fui dormir pensando se Deus está me chamando para me mudar para este país e servir aqui. Isso me fez ter um sono agitado.

Então esta manhã tenho infinitas perguntas sobre o que isso significaria. E elas não são apenas minhas. Estou pensando nas perguntas que Heather fará quando refletirmos juntos em voz alta se Deus poderia estar nos guiando para que nos mudemos para cá. Penso no que tudo isso significaria para minha esposa, meus filhos e nosso futuro.

Precisando ouvir a Palavra de Deus, abro minha Bíblia em Lucas 13–14. Minha leitura da manhã termina com estas palavras:

> Muito povo acompanhava Jesus. Voltando-se, disse-lhes: "Se alguém vem a mim e ama o seu pai, sua mãe, sua mulher, seus filhos, seus irmãos e irmãs, e até sua própria vida mais do que a mim, não pode ser meu discípulo. E aquele que não carrega sua cruz e não me segue não pode ser meu discípulo.
>
> "Quem de vós, querendo fazer uma construção, antes não se senta para calcular os gastos que são necessários, a fim de ver se tem com que acabá-la? Para que, depois que tiver lançado os alicerces e não puder acabá-la, todos os que o virem não comecem a zombar dele, dizendo: 'Este homem principiou a edificar, mas não pode terminar.'
>
> "Ou qual é o rei que, estando para guerrear com outro rei, não se senta primeiro para considerar se com dez mil homens poderá enfrentar o que vem contra ele com vinte mil? De outra maneira, quando o outro ainda está longe, envia-lhe embaixadores para tratar da paz. Assim, pois, qualquer um de vós que não renuncia a tudo o que possui não pode ser meu discípulo.
>
> "O sal é uma coisa boa, mas se ele perder o seu sabor, com que o recuperará? Não servirá nem para a terra nem para adubo, mas lançar-se-á fora. O que tem ouvidos para ouvir, ouça!" (14:25–35)

Preguei e escrevi sobre essa passagem antes, mas essas palavras assumem um significado completamente diferente enquanto me sento aqui para refletir sobre a possibilidade da minha família seguir Jesus mudando para esta parte do mundo. Lembro-me de uma das minhas citações favoritas dessa passagem do pastor e autor John Stott. Em suas palavras:

> O cenário cristão é cheio de ruínas de torres abandonadas ou construídas pela metade — as ruínas dos que começaram a construir e não conseguiram concluir a construção. Milhares de pessoas continuam ignorando a advertência de Cristo e passam a segui-lo sem antes parar para refletir sobre o custo dessa empreitada. Consequentemente, temos hoje um grande número de "cristãos nominais". Em muitos países alcançados pela civilização cristã, um número enorme de pessoas possui apenas uma casca de cristianismo. O envolvimento delas é mínimo, apenas o suficiente para se considerarem cristãs, mas não o suficiente para se sentirem incomodadas. Sua religião é como uma almofada grande e macia, protegendo-as das situações desagradáveis da vida, mudando e se adaptando conforme suas conveniências. Não é de admirar que os céticos critiquem a hipocrisia que existe dentro das igrejas e rejeitem a religião como uma forma de escapismo.[*]

---

[*] John Stott, *Cristianismo Básico*, p. 149.

Lendo Lucas 14 agora, recordo do quão facilmente posso moldar minha religião para que me seja conveniente. Então estou realmente disposto a seguir Jesus para qualquer lugar e como ele quiser me levar, independentemente do que isso signifique para mim ou para minha família? De acordo com Jesus, segui-lo requer um amor por ele tão supremo que, em comparação, faça até o amor por nossa família parecer ódio.

Lembro-me do pastor do século XVII John Bunyan. As autoridades ameaçaram prendê-lo se não parasse de pregar. Bunyan sabia que, se fosse preso, sua esposa e seus filhos (um dos quais era cego) ficariam desamparados. Até quando era um homem livre sua família tinha pouco alimento ou roupas. Sua prisão significaria para eles a miséria. Ainda assim, Jesus o chamara para pregar o evangelho, então não podia ficar quieto. Ele foi preso em seguida, e de sua cela escreveu o seguinte:

> A separação de minha esposa e de meus filhos sempre me tem sido como arrancar a carne dos meus ossos, enquanto estou neste lugar. Isso não somente porque amo demais essas grandes misericórdias, mas porque sempre sou lembrado das muitas privações, misérias e da grande falta que minha pobre família provavelmente terá, se eu for tirado deles, especialmente minha pobre filha cega, que está mais perto de meu coração do que qualquer outra coisa. Ah! Pensar nas privações que minha filha cega pode passar quebranta meu coração! ... Mas, controlando-me, pensei: devo confiar todos vocês a Deus, mesmo que deixá-los tira-me até ao âmago. Ah, vi que nesta situação, eu era como um homem que derrubava sua casa na cabeça de sua esposa e de seus

filhos! Apesar disso, pensei, preciso fazer isso, preciso fazer isso.*

Como se o amor superior não fosse o bastante, Jesus segue dizendo que ele exige uma vida inteira. A devoção a ele significa a negação de si e a morte de seus próprios pensamentos, desejos, planos e sonhos. De acordo com Jesus, segui-lo significa fazer dele sua vida inteira.

Então escrevo,

Jesus, tu és minha vida inteira. O que quiseres que eu faça, eu quero fazer. Incluindo me mudar para cá. Como isso seria para mim e para minha família? Por favor, ajude-me a considerar os custos do que isso significa. Ó Deus, quero renunciar tudo neste mundo que quiseres que eu renuncie. Não quero moldar meu cristianismo para minha própria conveniência! Por favor, guie meus passos, e por favor me proteja de mim mesmo a cada passo. Por favor, conduza-me por seu Espírito da forma que desejar, eu suplico!

Conflito Espiritual

Depois de guardar minhas coisas, vou até a casa de chá, onde me sento à mesa para tomar café ao lado de Chris e Nabin e em frente a Aaron e Sigs. Enquanto comemos nossa refeição matinal de sempre, Chris pergunta onde eu estava durante a leitura da Bíblia naquela manhã. Falo do fim de Lucas 14 e da importância

---

* John Bunyan, *Graça Abundante ao Principal dos Pecadores*, p. 150.

de considerar os custos de seguir Cristo neste mundo, como um construtor se preparando para construir uma torre ou como um rei se preparando para a guerra.

Então pergunto a Aaron: "Quando você decidiu dar sua vida para trabalhar em circunstâncias desafiadoras como estas, como considerou esses custos? Como mediu o que seria exigido para realizar o trabalho aqui?"

"Essa é uma ótima pergunta", diz Aaron. "Sabemos que, fisicamente, o trabalho em montanhas tão remotas é difícil por razões óbvias. Mas descobrimos muito rapidamente que os desafios físicos não são nada em comparação aos espirituais."

"Como você descobriu isso?", pergunta Chris.

"Bom", diz ele, "quando viemos a estas vilas pela primeira vez e começamos a difundir o evangelho, imediatamente nos disseram para ir embora e nunca mais voltar. Na verdade, algumas pessoas ameaçaram nos matar se tentássemos voltar".

"Por quê?", pergunta Sigs.

"Há uma forte crença aqui de que precisamos acalmar vários deuses ou espíritos para que as coisas fiquem bem. E se qualquer pessoa interromper a estabilidade da adoração desses deuses ou espíritos, coisas ruins podem acontecer à vila. Como resultado, quando as pessoas descobriram que somos seguidores de Jesus, acreditaram que estávamos introduzindo um deus estranho e concorrente que irritaria seus deuses, então queriam que fôssemos embora daqui."

"Isso é assustador", diz Chris.

"Sabe", continua Aaron, "há um sentido no qual eles estão certos. Com base no que a Bíblia diz sobre o conflito espiritual, realmente existe um falso deus chamado demônio que tem enganado as mentes e corações das pessoas por séculos. Ele evitou que Jesus fosse proclamado como o único Deus verdadeiro aqui por gerações, e fará qualquer coisa que puder para evitar que isso mude".

Aaron faz uma pausa, como se estivesse relutante em revelar alguma coisa. Consigo ver que tem algo específico em mente, então pergunto a ele: "Como você viu isso ocorrer?"

Ele respira fundo e diz: "Deixe-me contar uma história que eu provavelmente não acreditaria se não tivesse feito parte dela. Mas isso lhes dará uma certa perspectiva da guerra espiritual que acontece aqui."

"Certo, estamos escutando."

Aaron começa: "Um dia, eu estava caminhando por uma vila próxima. Enquanto caminhava, de repente, uma mulher, talvez com seus 30 e tantos anos, passou correndo por mim muito rápido. Ela me assustou porque parecia fora de controle, e eu pude sentir que havia algo de errado com ela. Mas ela continuou correndo e eu a perdi de vista.

"Alguns minutos depois, a trilha me levou exatamente para onde a casa dessa mulher aparentemente ficava. Ao me aproximar da casa, a vi disparar pela porta da frente. Ela tinha um olhar desvairado no rosto e uma garrafa na mão, que mais tarde descobri ser inseticida. Ela ficou parada em frente à porta me encarando enquanto eu caminhava em sua direção pela trilha e começou a gritar. Eu parei, totalmente chocado e incerto do que estava acontecendo.

"Foi aí que a mulher gritou no dialeto local, de um jeito que parecia estar possuída por alguma coisa demoníaca: 'Essas são suas boas-vindas às nossas vilas', e então começou a beber da garrafa em sua mão. Eu não sabia o que havia na garrafa, mas imediatamente me preocupei quando seu marido saiu correndo da casa com seus filhos, todos gritando: 'Não! Não! Não!' Mas quando a alcançaram, já havia engolido quase tudo o que havia na garrafa. Naquele momento, ela começou a convulsionar e arquejar tentando respirar. O marido começou a gritar pedindo ajuda, então larguei minha mochila e corri direto na direção deles. Ela parecia estar perdendo a consciência, e pouco depois já não respirava. Tentei reanimá-la, mas nada funcionou. Dentro de poucos minutos, ela morreu."

Estamos sentados em silêncio à mesa do café da manhã, tentando imaginar essa cena.

"Foi um dos piores momentos da minha vida", diz Aaron. "Ver uma mulher se matar na frente do marido e dos filhos. E fazê-lo porque eu cheguei caminhando à vila."

"Você conhecia essa mulher?", pergunta Sigs.

"Não", responde Aaron, "nunca estivera nessa vila, e nunca a conhecera. A primeira vez que a vi foi quando ela passou correndo por mim na trilha".

Aaron faz mais uma pausa e continua. "Foi então que soube que as batalhas físicas da fome e da doença nessas vilas não são nada em comparação à batalha espiritual pelos corações e mentes das pessoas. E tive que me perguntar: eu estava pronto para aquele tipo de luta?"

Enquanto Sigs e Chirs fazem mais perguntas a Aaron, minha mente volta imediatamente à pergunta de se Deus está ou não chamando a mim e a minha família para morar aqui. *Estou pronto para esse tipo de guerra espiritual?*, pergunto-me. E não só eu. Penso em todas as oportunidades que discutimos ontem para estudantes, profissionais e aposentados de difundir o evangelho pelo mundo. De fato, não é um compromisso leviano.

Como um rei se preparando para a guerra, há um custo a ser considerado.

A Coragem de Alisha

Logo o café da manhã acaba e voltamos à trilha, caminhando hoje para uma vila em Lhuntse, onde nosso plano é fazer parte do treinamento de um pequeno grupo de pastores e fundadores de igrejas. Uma das professoras locais da escola que visitamos ontem está se juntando a nós para a caminhada de hoje. Seu nome é Alisha. Ao começarmos a caminhar, Aaron me alcança rapidamente e diz: "Em algum momento nas próximas horas, você precisa perguntar a Alisha sobre sua história. Ela lhe dará uma perspectiva muito boa de Lucas 14."

Pouco tempo depois disso, a trilha se amplia e eu chego até Alisha. Ela tem 20 e poucos anos, acabou de se formar na universidade da capital. Fala com uma voz suave e tem uma atitude doce e tímida que mascara a vida curta e dura que suportou. Depois de alguns minutos de conversa sobre a beleza desta área, pergunto a ela: "Você pode me contar sobre a sua família?"

"Eu tenho um irmão mais velho", diz Alisha, "que mora em um monastério. Meus pais o enviaram para lá quando era muito novo, e desde então ele estuda para ser um monge".

"Onde você nasceu?"

"Em uma vila mais para cima das montanhas."

"Seus pais ainda moram lá?"

"Meus pais", começa Alisha, mas então faz uma pausa. "Bom, eu provavelmente deveria voltar um pouco na história. Eu nasci no que minha família acredita ser um 'dia ruim'. Minha vila era muito supersticiosa, e certos dias eram vistos como maus. E eu nasci em um desses dias.

"Meu avô", continua ela, "falava com o diabo. As pessoas acreditavam que ele conseguia se comunicar com o demônio. E quando eu nasci em um dia ruim, meu avô proclamou que eu nasci para adorar o demônio. Então desde nova, dos 3 ou 4 anos, ele disse aos meus pais que eu precisava fazer oferendas ao diabo todos os dias. Meus pais construíram um pequeno quarto fora de casa com um altar para o demônio. Consigo lembrar de quando era criança e tinha que sair de casa todas as noites, andar até esse quartinho sozinha no escuro, e fazer uma oferenda ao demônio. Todas as noites", repete Alisha. "Eu tinha muito medo."

Enquanto a ouço, penso no meu filho mais novo. Ele tem 5 anos. Imagino o sorriso em seu rosto. Não consigo pensar em enviá-lo com 3 ou 4 anos a um quarto escuro sozinho à noite para fazer uma oferenda ao diabo.

"Mas, então, um dia tudo mudou na vida do meu pai", diz Alisha. "Um homem cego chegou à nossa vila com um guia ao seu lado. Esse homem cego entrou em nossa casa e contou sobre Jesus ao meu pai. Ele contou que Jesus era a autoridade acima do diabo e do pecado. Disse que ele era o único e verdadeiro Deus, que veio para vencer o demônio, o pecado e a morte para que possamos ser perdoados por nossos pecados e recuperar o relacionamento correto com o único e verdadeiro Deus."

"Seu pai já havia ouvido falar de Jesus?", pergunto.

"Não, essa foi a primeira vez. Mas não demorou muito para que ele acreditasse em Jesus. Ele sabia que adorar outros deuses e espíritos, incluindo o diabo, era errado. Estava pronto para acreditar em Jesus."

Enquanto caminhamos juntos, meu coração transborda de alegria por um homem cego que se importou o suficiente com as pessoas nesta vila para trazer o evangelho ao pai de Alisha. Penso no quanto é difícil caminhar por essas trilhas estreitas e íngremes com dois olhos — imagine cego? Não podemos simplesmente arranjar desculpas para não levar o evangelho para as pessoas que não o escutaram.

Alisha continua: "Tudo na vida de meu pai mudou. Ele tinha uma visão nova das coisas. Esse homem cego deu a ele uma Bíblia, e ele começou a lê-la sozinho e com a nossa família. Logo em seguida minha mãe também acreditava em Jesus. E eu já não precisava mais fazer oferendas em adoração ao demônio. Em vez disso, meu pai começou a me ensinar sobre Jesus."

"Como seu avô reagiu a tudo isso?", pergunto.

"Ele ficou com muita raiva", diz Alisha. "E não só ele. Todos na vila. Meu avô e o resto dos aldeões acreditavam que meu pai estava introduzindo um deus estranho na vila e que isso traria problemas." Enquanto Alisha fala, percebo que ela está ilustrando a resistência ao evangelho que Aaron explicou no café da manhã. "Então, em apenas algumas semanas", continua ela, "minha família foi totalmente condenada ao ostracismo na vila".

"O que você quer dizer com isso?", pergunto.

"Disseram que não podíamos pegar água do poço — que precisaríamos ir a outra vila. Ninguém mais queria fazer uma refeição conosco ou entrar em nossa casa. Nós nos tornamos párias."

Enquanto Alisha fala, posso sentir que isso tudo foi extremamente doloroso, mas não estava preparado para o que ela contou em seguida.

"Aí, um dia", diz Alisha, sua voz começando a tremer, "quando eu tinha mais ou menos 12 anos, minha mãe e meu pai partiram pela trilha para pegar água e suprimentos de outra vila. Mas eles não voltaram, e eu comecei a me preocupar. E foi então que os líderes da nossa vila foram até a minha casa. Disseram que quando meus pais estavam voltando, ocorreu um deslizamento. As rochas desceram direto na direção deles e eles caíram da montanha e morreram."

"Alisha, sinto muito por isso." As lágrimas corriam pelo seu rosto e meus olhos também lacrimejavam.

Ela para de falar enquanto se recompõe. Quero dar a ela tempo e espaço, então não digo nada por um tempo. Depois de alguns minutos, ela quebra o silêncio.

"Mas não foi isso o que realmente aconteceu com eles", diz Alisha.

"O que você quer dizer com isso?"

"Minha mãe e meu pai não morreram em um deslizamento de terras."

Confuso, pergunto: "Como eles morreram?"

Alisha faz uma pausa, como se tivesse medo de dizer o que está prestar a sair de sua boca. Então fala: "Os líderes da vila os apedrejaram."

Totalmente chocado, continuo ouvindo.

"Anos depois", diz Alisha, enxugando as lágrimas, "fiquei sabendo como os líderes da vila atacaram minha mãe e meu pai na trilha aquele dia, arremessando pedras neles até a morte. Depois disso, eles empurraram seus corpos montanha abaixo. Aí inventaram a história do deslizamento e espalharam o boato de que assim como haviam nos avisado, se introduzimos um deus estranho na vila, os deuses e espíritos das montanhas nos punem".

Encaramos a realidade da história de Alisha quando ela diz: "Até hoje, sempre que alguém fala de Jesus em qualquer lugar próximo da minha vila, as pessoas dizem: 'Não adore a Jesus. Lembre-se do que aconteceu com as únicas pessoas que o adoravam aqui. Elas morreram em um deslizamento.'"

Enquanto continuamos a caminhar, Alisha me conta agora como ela soube que ainda queria seguir Jesus. Depois de ficar órfã, acabou indo para uma escola e uma casa na cidade, onde também encontrou uma igreja para frequentar.

Ela ficou extremamente nervosa em ser batizada, porque sabia que isso seria uma ruptura mais formal e final com sua vila e seus últimos parentes, incluindo seu irmão, que ainda estuda no monastério. Mas depois de muitas conversas com ele, e depois de considerar completamente o custo, alguns anos atrás ela foi batizada, confessando publicamente sua fé em Cristo. Agora, depois de terminar a universidade, está ensinando na vila em que estávamos ontem, trabalhando para divulgar o evangelho nas montanhas onde seus pais foram martirizados.

Mensagem Perigosa

Continuamos conversando e acabamos alcançando os outros que pararam para um intervalo. Largamos as mochilas e enchemos nossas garrafas de água, então nos sentamos em pedras ao lado da trilha.

Esses são momentos surreais, quando paramos e percebemos onde estamos e o que estamos fazendo. Mas é interessante como o que nos espanta muda com a distância que percorremos nestas trilhas. Primeiro nos surpreendemos com a paisagem — e não me entenda mal, ela ainda é de tirar o fôlego. Ainda queremos tirar fotos em todos os lugares. Mas agora, mais incrível ainda são as pessoas à nossa volta. Vemos Alisha e Nabin, que cresceram nestas mesmas montanhas. E agora que sabemos de suas histórias, nos sentimos honrados só por caminhar com eles.

Depois de um intervalo de mais ou menos meia hora, pegamos nossas mochilas e voltamos a caminhar. "Não estamos longe da próxima vila", diz Aaron, "onde passaremos o resto do dia".

Ouvindo que essa é nossa última oportunidade de caminhar hoje, me arrasto um pouco para processar o que ouvi esta manhã. Enquanto penso nas histórias que Aaron e Alisha contaram, percebo de outra maneira que, se não tiver cuidado, posso facilmente ter — e até transmitir — uma visão romântica do que é seguir Jesus no mundo.

Eu prego sermões, escrevo livros e uso as mídias sociais para chamar as pessoas a aceitarem o evangelho pelo mundo. Ainda assim, esta manhã foi um lembrete do que esse chamado significa. Entrar em uma batalha espiritual que pode levar alguém ao suicídio. Trabalhar com pessoas que, se acreditarem no que você diz, podem ser apedrejadas.

E obviamente não é só os outros que chamo para irem a lugares tão difíceis. Não posso pedir que os outros façam algo que eu mesmo não faço. Enquanto considero a possibilidade de me mudar para cá, não tenho ilusão alguma de que seria fácil viver aqui. E, mais que isso, não estou me iludindo de que a vida e o trabalho aqui seriam fáceis. Certamente as pessoas e os lugares no mundo que ainda não foram alcançados pelo evangelho são intocados por alguma razão. São difíceis de alcançar. São perigosos. Tenho certeza que todos os lugares fáceis já foram conquistados.

Enquanto penso em viver e servir em lugares difíceis do mundo, as palavras de Jesus em Lucas 14 fazem ainda mais sentido. Muitas vezes me perguntei por que essas suas palavras pareciam tão estranhas para mim e para quase todos os cristãos com quem convivi na América do Norte, particularmente onde as igrejas são comuns. Não me parece muito penoso seguir Cristo nos Estados Unidos. Com certeza significa doar tempo e dinheiro que poderíamos gastar de outra forma, mas não estamos correndo perigo de ser apedrejados como os pais de Alisha ou abandonados sem mais nada como o pastor que conheci duas noites atrás.

Mas eu me pergunto se essa é a desconexão entre nós e as palavras de Jesus em Lucas 14. Por um lado, agradeço a Deus por ter nascido em uma família que me ensinou o evangelho desde o dia em que nasci. Agradeço a Deus pelos pais, amigos e pela igreja que me amaram e cuidaram de mim para que seguir Jesus não custe minha vida ou minhas posses. Mas se eu ficar nisso e mantiver minha vida e posses para mim mesmo, então preciso me fazer a seguinte pergunta: estou pronto para seguir Jesus?

De acordo com Lucas 14, eu não estou. Porque, se for um cristão verdadeiro, espera-se que minha vida e meus planos morram para mim a fim de que eu siga Jesus aonde quer que ele me guie. E se o sigo, então inevitavelmente ele me guiará para pessoas que ainda não conhecem seu amor. E isso sem dúvidas me guiará àqueles que têm necessidade urgente de sua provisão. E, *inevitavelmente*, isso me será penoso.

Então concluo que a única maneira de evitar o custo descrito por Jesus em Lucas 14 é não segui-lo. Talvez possamos nos dizer cristãos, mas o seremos enquanto nos satisfazemos em um mundo de confortos ignorando todas as necessidades urgentes, físicas e espirituais. Ou talvez dando poucos minutos de nosso tempo e centavos do nosso dinheiro para os necessitados enquanto continuamos a viver concentrados basicamente em nós mesmos.

Independentemente do que eu tenha pregado ou escrito no passado, sou confrontado nesta trilha pela realidade de ser tentado todos os dias a não seguir Jesus como descrito em Lucas 14. Percebo que há uma constante em minha vida de atração ao conforto e repulsa à necessidade do mundo. Essa tentação é tão forte que preciso que irmãos e irmãs em Cristo como Alisha e

Aaron me lembrem continuamente de que a vida de um cristão é sempre penosa — para os que realmente seguem Cristo.

O Bufê de *Dal Bhat*

Chegamos à vila seguinte, onde passaremos o restante do dia. Colocamos nossas mochilas nos quartos e nos reunimos para o almoço. No cardápio de hoje temos *dal bhat*, uma variação da sopa de lentilha que comemos ao longo da trilha.

Imagine um prato prateado com um monte de arroz no meio. Ao lado dele há uma tigela prateada cheia de um ensopado marrom chamado *dal*. Ele contém lentilhas, curry de vegetais e uma variedade de temperos. Para comer do jeito adequado, despejamos o *dal* sobre o monte de arroz. Quando o molho se infiltra no arroz, temos um prato de *dal bhat*.

Nossos anfitriões da pousada procuram colheres para nos oferecer, mas os locais não precisam delas. Então decidimos que já fizemos refeições suficientes por aqui para sermos considerados locais, e recusamos a colher oferecida. Comer como os locais significa, em primeiro lugar, usar apenas a mão direita. A esquerda geralmente é usada para... bem... vamos dizer apenas que é para tarefas "menos limpas".

Então erguemos a mão direita e juntamos os três dedos centrais para formar um tipo de colher para pegar a comida. Depois colocamos esses dedos debaixo ou atrás de um pouco de arroz que agora tem *dal* sobre ele. Uma vez que estiverem posicionados, podemos usar o polegar para empurrar um pouco de *dal bhat* até eles. Aí erguemos a mão, com o polegar e os dedos segurando a comida, até a boca, onde inserimos a comida (e alguns dos dedos) em cima da língua, e os temperos asiáticos lhe cumprimentam calorosamente.

Continuamos com esse processo até que o prato comece a ficar limpo, mas isso não significa que acabou. Assim que o arroz e o *dal* do prato começam a desaparecer, o anfitrião reaparece com mais arroz e mais *dal*. Agora percebemos que esse é um bufê livre de *dal bhat*. E dependendo de como ele cai no estômago, decidimos se é melhor ou não repetir.

Enquanto comemos nosso *dal bhat*, Aaron nos dá uma prévia do restante do dia. "Hoje encontraremos um pequeno grupo de pastores e líderes de igreja aqui nesta vila. Todos têm empregos, e apenas alguns deles recebem auxílio financeiro do trabalho que realizam na igreja."

"Eles vêm de outras vilas?", pergunta Sigs.

"Sim, muitos deles viajaram bastante para estar aqui, e vamos passar algum tempo ensinando a eles a Palavra e treinando-os para fundarem igrejas." Logo descobrimos que o "ensinamento" e o "treinamento" serão muito mais para nós do que para eles.

Uma Vida Transformada

Satisfeitos pelo *dal bhat*, pegamos nossas Bíblias e caminhamos em direção ao que parece ser uma pequena estrutura de metal recém-construída com vista para a vila. Aparentemente, é aqui que a igreja se reúne nesta vila. Dentro há um grupo de cerca de vinte pessoas sentadas em um círculo, bebendo chá e conversando. Quando chegamos, nos juntamos a eles e começamos a beber nosso chá.

Assim começam aproximadamente doze horas de oração, estudo da Bíblia e motivação mútua até tarde da noite. Ao longo dessas horas, começo a me familiarizar com os pastores e líderes de igreja mais humildes, bondosos, gentis e fortes que já conheci. À minha direita estão Ram e Rasila. Ram era um alcoolista. "Eu era conhecido como um homem muito mal em minha vila", conta. Rasila, esposa de Ram, concorda gesticulando com a cabeça.

"Ele não era mal apenas na nossa vila", acrescenta ela, "mas também em nossa casa. Não era um marido carinhoso. E não era um pai carinhoso para nossos filhos. Muitas vezes nos deixava sozinhos porque estava bebendo ou fazendo outras coisas ruins. Eu fazia o jantar para ele, mas ele não voltava para casa. Ou quando voltava, não estava bem.

"Tinha dias", elabora Rasila, com lágrimas de dores passadas surgindo nos olhos, "que eu queria me matar. Mas então olhava nos olhos dos meus filhos e passava".

Ram anima a conversa novamente. "Mas então, um dia, alguém dividiu as boas novas de Jesus comigo. Ouvi o quanto podia ter uma vida nova por crer nele, ser perdoado do meu pecado e ter um relacionamento com Deus. Eu ouvi sobre como podia ser o homem, o marido e o pai que deveria ser."

"Um dia ele chegou em casa", conta Rasila, "e eu fiquei tão surpresa. Ele não estava bêbado, e ainda estava falando de um jeito que parecia louco. Ele nos contou que queria se tornar cristão e queria que todos fôssemos cristãos juntos".

"O que você achou disso?", perguntei.

"Eu queria saber o que estava fazendo tanta diferença em meu marido. Ele estava agindo de forma tão diferente, e estava falando o quanto queria amar, cuidar e prover melhor para nós. Fiquei feliz em aprender mais sobre Jesus, e, então, eu e meus filhos decidimos segui-lo. Hoje Ram é o marido e pai mais carinhoso que poderia imaginar", diz Rasila, radiante. "Acredito ser a mulher mais sortuda do mundo, e a esposa mais sortuda, com certeza."

"Quem compartilhou o evangelho com você?", pergunto a Ram. Ele sorri e aponta para outro casal do círculo.

Em Chamas

Um outro casal está sentado do outro lado do círculo, Seojun e sua esposa, Jin. Posso ver que Seojun e Jin não nasceram nestas montanhas, e pergunto há quanto tempo moram aqui.

"Aproximadamente dez anos", diz Seojun. "Jin e eu nos mudamos para cá de outro país. Queríamos compartilhar o evangelho e trabalhar para ajudar em meio à pobreza e à doença. Quando chegamos neste país, decidimos que não queríamos ficar na cidade. Queríamos nos mudar para as montanhas e ficar o mais próximo possível de pessoas necessitadas, então construímos uma casa aqui anexada a um local onde poderíamos trabalhar para satisfazer as necessidades das pessoas. E um dia conheci Ram, e logo depois conhecemos Rasila."

"E desde então vocês vivem aqui?", pergunto.

"Não exatamente", responde Seojun.

Jin entra na conversa: "Certa noite ouvimos barulhos na porta de nossa casa e sabíamos que havia algo de errado. Ao irmos em direção à porta, olhamos pela janela e vimos homens segurando armas e tochas. De repente, eles começaram a quebrar as janelas, e eu gritava. Nunca senti tanto medo."

"Eles gritavam para irmos embora", diz Seojun, "e quando corremos porta afora, atearam fogo na nossa casa e na construção anexa. Depois apontaram as armas para nós e gritaram: 'Não voltem nunca mais! Vocês não são bem-vindos nesta vila e, se tentarem voltar, mataremos vocês.'"

"Eu fiquei tão triste", diz Jin. "Realmente acreditávamos que Deus nos chamara para trabalhar naquela vila, mas sabíamos que, se ficássemos, não seríamos apenas nós correndo riscos, mas colocaríamos pessoas como Ram e Rasila em perigo também. Então, na manhã seguinte, orei especificamente pelos homens que fizeram isso com nossa casa, saímos da vila e nos mudamos para outro local. Quando essa casa e o anexo de trabalho foram queimados, achei que nosso trabalho aqui também tinha se acabado."

"E como é que voltaram para cá?", pergunto.

"Nos anos seguintes", responde Seojun, "mantivemos contato com Ram e Rasila, e algumas outras pessoas que passaram a seguir Jesus e iniciaram uma igreja aqui. Eles começaram a compartilhar conosco como mais pessoas estavam tendo fé em Jesus e como ele estava mudando outras vidas e famílias, e a vila, de maneiras poderosas".

"Então, um dia", diz Jin, "ouvimos sobre um desastre natural nesta vila que destruiu mais de cem casas. Ram e Rasila disseram que precisavam de ajuda, então nós viemos. Mobilizamos voluntários e suprimentos, e pela graça de Deus fomos capazes de ajudar a reconstruir mais de cem casas".

"Foi aí que vocês construíram este lugar que estamos agora para a igreja se reunir?", pergunto.

"Essa é uma boa pergunta", responde Seojun. "Mas você terá que perguntar isso a *ele.*" E então aponta para o outro lado do círculo para um homem que se chama Bishal.

Das Cinzas

Bishal parece mais velho, bruto e forte do que qualquer um na sala, e ainda assim um sorriso inocente se abre em seu rosto. Que logo desaparece ao contar sua história.

"Eu costumava ser um militante tribal", conta Bishal. "Meu trabalho era proteger as vilas próximas de forças externas. Isso incluía os cristãos."

Sabendo o que sei agora sobre a forte hostilidade contra os crentes, eu penso: *esse homem deve ter uma história* e tanto.

"Eu costumava achar que os cristãos eram espiões que queriam vir para nossas vilas e arruinar nossa cultura", continua ele.

"Então, anos atrás, quando alguns cristãos foram descobertos, meu comandante me mandou pegar meus homens e deixar claro que eles precisavam ir embora imediatamente ou seriam mortos. Então, certa noite reuni meus homens, pegamos nossas armas e algumas tochas, e fomos até a casa deles."

Meus olhos se voltam para Seojun e Jin. Olho de volta para Bishal. "Foi você que bateu na porta deles naquela noite?", pergunto.

Ele confirma. "Coloquei uma arma na cara de Seojun e disse para que nunca mais voltasse. Aí queimei sua casa e a construção ao lado dela."

Enquanto escuto, lembro o que Jin falou — que na manhã seguinte antes de irem embora, ela e Seojun oraram pelos homens que ameaçaram suas vidas e queimaram suas casas. "Por anos, eu mantive outros cristãos afastados, e tentei fazer com que Ram e Rasila e outros ficassem o mais contidos e quietos quanto fosse possível", diz Bishal. "Mas então houve o desastre natural e em poucos dias aqueles cristãos que eu ameacei queriam ajudar a reconstruir nossas casas! Eu não sabia o que pensar, mas não queria recusar sua ajuda. Nos meses seguintes, eles trouxeram comida e suprimentos para nós, e juntos reconstruímos todas as casas que foram destruídas."

Sorrisos se abrem agora pelo círculo enquanto Bishal continua: "Foi então que o verdadeiro milagre aconteceu e eu me tornei um seguidor de Jesus. E assim que o fiz, ofereci minha terra para receber esta construção para a igreja se reunir."

Ele me olha e diz: "Não foi fácil. Os outros militantes, incluindo meu comandante, me chamaram de traidor e eu perdi muitas terras. Mas valeu a pena. Minha vida, minha família e esta vila foram transformadas pelo amor de Deus por intermédio desses dois casais nesta sala." Ele olha para Seojun e Jin à sua frente e, então, para Ram e Rasila ao seu lado.

Estou sem palavras. E permaneço assim enquanto Ram e Rasila falam mais sobre como não só fundaram uma igreja aqui nesta vila, mas também enviaram missionários para fundar igrejas em outras. Agora eles fazem parte de uma rede de igrejas nesta região, compartilhando o evangelho e fundando novas igrejas, mesmo entre pessoas que falam outros idiomas.

O trabalho que Seojun e Jin começaram não acabou no fim das contas.

Trabalho Duro

Os líderes nesta sala são todos da rede de igrejas da área. Com o passar do dia, ouvimos histórias sobre como Deus está trabalhando e quais desafios as igrejas enfrentam.

Uma mulher chamada Nisu diz como ela e seu marido fundaram uma igreja em uma vila remota em que as pessoas não têm um idioma escrito. Então começaram a trabalhar com os aldeões na criação de um alfabeto e uma linguagem escrita para seu povo. Muitos ficaram animados, mas logo que o projeto começou, um dos líderes da vila reuniu os aldeões e disse: "A única razão para esses cristãos quererem estabelecer nossa linguagem escrita é para que possam traduzir a Bíblia, e nós não queremos a Bíblia, então isso deve parar."

Um número de pessoas suficiente estava convencido de que ter uma linguagem escrita seria ruim, então agora os aldeões estão trabalhando para interromper a criação de sua linguagem em forma escrita.

Um homem chamado Sai compartilha como a igreja na qual é pastor tem tentado fundar uma igreja em uma vila específica nos últimos dez anos, mas que todas as vezes que alguém começa a mostrar interesse no evangelho, algo ruim sempre acontece na vila. Enquanto ele conta sua história de uma tentativa fracassada após a outra, Aaron se inclina para mim e sussurra: "É por isso que muitas pessoas que se mudam para cá não prosperam. É um trabalho duro, e não se tem sucesso da noite para o dia. O que precisamos são pessoas dispostas a trabalhar duro por dez ou vinte anos até que o progresso aconteça. Mas muitos dos cristãos, e muitas das igrejas nos Estados Unidos que os enviam, não estão dispostos a ficar por tanto tempo."

Eu sei que ele tem razão, o que é preocupante. Imagino se eu estaria disposto a ficar.

Finalmente, um homem chamado Bibek conta sobre as necessidades físicas extremas no local em que ele é pastor. Sua vila é tão remota que os suprimentos básicos são superdifíceis de encontrar, e até ele chegar lá ninguém na vila havia ouvido falar do evangelho. Agora há uma pequena igreja que se reúne, e os membros cuidam uns dos outros, e ele só quer aprender como amá-los e guiá-los melhor.

"Sua vila é muito remota?", pergunto.

"Muito", responde Bibek enquanto os outros da sala sorriem.

"Pergunta para ele quanto tempo ele levou pra chegar aqui de sua vila para esta reunião", diz Ram para mim.

"Quanto tempo você levou?", pergunto.

"Umas três semanas."

A Igreja como Deus Planejou

Então o que eu digo a líderes de igreja que viajaram (pelo menos alguns deles) semanas para se reunirem? Sinto-me humilde pelo desafio — uma oportunidade. Aaron me pediu para passar a tarde e a noite ensinando sobre o que a Palavra de Deus fala sobre a igreja. Então é o que eu faço.

Nas horas seguintes, falamos de todos os tipos de imagens e passagens na Bíblia que descrevem a igreja como Deus planejou. Enquanto ensino, discutimos o que vemos na Palavra de Deus, e fico surpreso com duas percepções novas.

Primeiro, olhar a Bíblia e ver como Deus planejou a igreja é exatamente o que precisa ser feito. Como eu refleti alguns dias atrás, essas vilas precisam de uma igreja, mas não de uma versão norte-americana; uma versão bíblica da igreja.

Enquanto percorro a Palavra com esses líderes, percebo que muitas das minhas conversas sobre a igreja nos EUA muitas vezes se concentram em tradições culturais que vão além da bíblia na melhor das hipóteses e não são bíblicas na pior delas.

Por exemplo, enquanto leio a Bíblia com estes irmãos e irmãs, não vemos nada sobre construir prédios, organizar programas ou administrar pessoal, tópicos que muitas das conversas nos EUA tratam. Isso me faz pensar: *por que as igrejas que creem e pregam a Bíblia nos Estados Unidos focam o que não está nela?* Enquanto me pergunto isso, não consigo parar de pensar que uma das maiores necessidades não só na igreja dos Himalaias mas também no local em que vivo é que abramos nossas Bíblias com uma visão nova e sem filtros e perguntemos: "Estamos realmente fazendo a igreja como este Livro a descreve?"

Isso leva a uma segunda percepção, que me faz voltar a Lucas 14. Se ser cristão significa considerar os custos e dedicar a vida, as posses, os planos e os sonhos a seguir Jesus para qualquer lugar e como ele nos guiar, então ser uma igreja significa nos reunir com pessoas que consideraram os custos e que doam suas vidas dessa forma. Que é exatamente o que vejo nesta sala.

Não há ninguém aqui com a ilusão de que seguir Cristo é fácil. Nenhuma dessas pessoas está aqui porque é culturalmente aceitável ser cristão ou porque é o modo mais confortável de viver.

Todas as pessoas com quem falo estão nesta sala porque querem seguir Jesus completamente, sabendo que isso significa fazer sacrifícios, fazer coisas difíceis e passar por situações complicadas (e até perigosas) para espalhar o amor de Deus. E com nossas Bíblias abertas, eu sou lembrado de que, bom, foi assim que Deus planejou a igreja.

Já passou da meia-noite quando pego meu saco de dormir. Estou fisicamente exausto, mas espiritualmente exultante. Antes de fechar os olhos, escrevo o seguinte:

Depois de passar um tempo com Alisha, Ram, Rasila, Seojun, Jin, Bishal, Nisu e Bibek, estou ainda mais convencido de que a igreja pode mudar o mundo. Se a fizermos do jeito certo.

De acordo com a Palavra de Deus. Não de acordo com nossas maneiras, ideias, tendências e tradições. Se considerarmos os custos como cristãos e nos transformarmos na igreja que Deus nos chamou para ser.

Reflexões

Qual é o custo de seguir Jesus em sua vida agora? Quais passos de obediência a Jesus podem fazer com que segui-lo seja ainda mais penoso?

Por que você acha que tantas igrejas que acreditam e pregam a Bíblia nos Estados Unidos são tão focadas no que não está nela? Como pode ajudar a mudar essa situação?

Dia 7: Xícaras Quebradas Brilhando

Procurando o Ser Único

Hoje é o último dia de caminhada. Aaron nos disse que, alcançando uma altitude menor, o clima ficaria mais quente, e realmente foi o que aconteceu. Dormi com meu saco de dormir aberto a noite inteira, e nem achei que precisaria de uma jaqueta hoje. É incrível a diferença que algumas centenas de metros fazem nas montanhas.

Abro minha Bíblia e volto a Lucas.

Aproximavam-se de Jesus os publicanos e os pecadores para ouvi-lo. Os fariseus e os escribas murmuravam: "Este homem recebe e come com pessoas de má vida!"

Então lhes propôs a seguinte parábola: "Quem de vós que, tendo cem ovelhas e perdendo uma delas, não deixa as noventa e nove no deserto e vai em busca da que se perdeu, até encontrá-la? E depois de encontrá-la, a põe nos ombros, cheio de júbilo, e, voltando para casa, reúne os amigos e vizinhos, dizendo-lhes: 'Regozijai-vos comigo, achei a minha ovelha que se havia perdido.' Digo-vos que assim haverá maior júbilo no céu por um só pecador que fizer penitência do que por noventa e nove justos que não necessitam de arrependimento.

"Ou qual é a mulher que, tendo dez dracmas e perdendo uma delas, não acende a lâmpada, varre a casa e a busca diligentemente, até encontrá-la? E tendo-a encontrado, reúne as amigas e vizinhas, dizendo: 'Regozijai-vos comigo, achei a dracma que tinha perdido.' Digo-vos que haverá júbilo entre os anjos de Deus por um só pecador que se arrependa."

Disse também: "Um homem tinha dois filhos. O mais moço disse a seu pai: 'Meu pai, dá-me a parte da herança que me toca.' O pai então repartiu entre eles os haveres. Poucos dias depois, ajuntando tudo o que lhe pertencia, partiu o filho mais moço para um país muito distante, e lá dissipou a sua fortuna, vivendo dissolutamente. Depois de ter esbanjado tudo, sobreveio àquela região uma grande fome e ele começou a passar penúria. Foi pôr-se ao serviço de um dos habitantes daquela região, que o mandou para os seus campos guardar os porcos. Desejava ele fartar-se das vagens que os porcos comiam, mas ninguém lhas dava. Entrou então em si e refletiu: 'Quantos empregados há na casa de meu pai que têm pão em abundância... e eu, aqui, estou a morrer de fome! Levantar-me-ei e irei a meu pai, e dir-lhe-ei: Meu pai, pequei contra o céu e contra ti; já não sou digno de ser chamado teu filho. Trata-me como a um dos teus empregados.' Levantou-se, pois, e foi ter com seu pai. Estava ainda longe, quando seu pai o viu e, movido de compaixão, correu-lhe ao encontro, lançou-se-lhe ao pescoço e o beijou. O filho lhe disse, então: 'Meu pai, pequei contra o céu e contra ti; já não sou digno de ser chamado teu filho.'

"Mas o pai falou aos servos: 'Trazei-me depressa a melhor veste e vesti-lha, e ponde-lhe um anel no dedo e calçado nos pés. Trazei também um novilho gordo e matai-o; comamos e façamos uma festa. Este meu filho estava morto, e reviveu; tinha se perdido, e foi achado.' E começaram a festa.

"O filho mais velho estava no campo. Ao voltar e aproximar-se da casa, ouviu a música e as danças. Chamou um servo e perguntou-lhe o que havia. Ele lhe explicou: 'Voltou teu irmão. E teu pai mandou matar um novilho gordo, porque o reencontrou são e salvo.'

"Encolerizou-se ele e não queria entrar, mas seu pai saiu e insistiu com ele. Ele, então, respondeu ao pai: 'Há tantos anos que te sirvo, sem jamais transgredir ordem alguma tua, e nunca me deste um cabrito para festejar com os meus amigos. E agora, que voltou este teu filho, que gastou os teus bens com as meretrizes, logo lhe mandaste matar um novilho gordo!'

"Explicou-lhe o pai: 'Filho, tu estás sempre comigo, e tudo o que é meu é teu. Convinha, porém, fazermos festa, pois este teu irmão estava morto, e reviveu; tinha se perdido, e foi achado.'" (15:1–32)

Ao ler essas três histórias, fico surpreso com o tema comum em todas elas. Cada história foca o ser único. A primeira história é sobre uma ovelha em cem. A segunda é sobre uma moeda em dez. A terceira é sobre um filho (apesar de o segundo filho estar bem conectado no significado dessa história também). Em cada uma, o ser único primeiro se perde e depois é encontrado. E cada história tem uma alegria e celebração exuberantes quando é encontrado.

O significado coletivo das três histórias é claro: Deus tem fervor em encontrar o que está perdido, o que é notável se pensarmos bem. Deus tem um universo para administrar, galáxias para apoiar, governos para comandar e mais de 7 bilhões de pessoas para sustentar, e ainda assim a Bíblia não diz que os céus se regozijam por esses mistérios cósmicos e realidades universais. Em vez disso, algo especial acontece nos céus quando uma pessoa que estava separada de Deus em pecado retorna a Ele com amor.

Enquanto leio, vejo-me no ser único, e fico repleto da graça de Deus. Escrevo no meu diário,

Senhor Deus, meu Pai nos céus, obrigado por me procurar! Obrigado por me encontrar! Obrigado por encontrar minha alma-perdida e pecadora. Obrigado por me fazer seu filho!

Mas não posso parar por aí, não depois do que vi essa semana. Penso nos seres únicos que conheci: Kamal. Sijan e seu filho, Amir. Aquela menininha preciosa que primeiro segurou minha mão e depois cuspiu em mim. A mãe, o pai e a filha de 3 anos que nos receberam para tomar chá. Cada homem e mulher enlutados por corpos em chamas. Cada criança rindo e brincando na escola que visitamos. Os pastores fiéis. Deus não só ama as multidões — ele ama o ser único. E eu quero ser um reflexo dele em minha vida. Escrevo:

> Ó Deus, torne minha vida um reflexo de sua busca pelo amor. Você busca os perdidos. Deixa muitos em busca de um ser único. Ó Deus, quero que minha vida ilustre isso. Ó Deus, por favor, mostre-se como o Pai que procura, salva, ama e perdoa por meu intermédio, de minha família e de minha igreja. Ajude-me a cuidar do ser único à minha volta, e ajude-me a sair em busca do ser único para onde quer que me guiares. Onde moro. Aqui nos Himalaias. Para onde quer que me guiares.

Enquanto escrevo essas palavras, não tenho ideia do que Deus está preparando para me ensinar sobre a importância do ser único.

Não É Só um Número

Enrolo meu saco de dormir e o enfio na mochila pela última vez (pelo menos nesta caminhada). É difícil acreditar que apenas uma semana se passou, porque parece que experimentei um ano de encontros nos últimos dias.

Enquanto arrumo a mochila, ouço uma comoção do lado de fora. Uma voz de mulher, que parece em pânico e sem ar, chama por Aaron. Escuto Aaron sair de seu quarto. O resto de nós o segue.

"O que houve, Niyana?", pergunta ele.

Niyana é uma das professoras da escola que visitamos dois dias atrás. Ela ficou na vila quando saímos ontem pela manhã, mas acordou extremamente cedo esta manhã para descer a montanha e nos alcançar antes que fôssemos embora.

"Eu tenho notícias terríveis", diz ela.

Nesse momento, Alisha, que também dá aula na escola, sai de seu quarto e para ao lado de Niyana.

"Sabe o Pradip", diz Niyana, olhando para Alisha.

Alisha confirma e se vira para Aaron dizendo: "Ele é um dos alunos de 5 anos." Volta-se para Niyana e pergunta: "O que aconteceu?"

"Alguns dias atrás ele estava na escola, brincando com todas as outras crianças que estavam lá", explica Niyana. Ela se vira para nós e diz: "Vocês devem ter visto ele. Estava se sentindo bem, talvez um pouco cansado, mas totalmente atento e envolvido na escola. Mas então foi para casa e não se sentiu muito bem. Nessa noite teve diarreia e começou a vomitar. Seus pais não o mandaram para a escola no dia seguinte, mas ainda não sabíamos que havia algo de errado. Aparentemente, o estado de Pradip foi piorando cada vez mais e ele morreu ontem à noite." Lágrimas correm pelo rosto de Niyana.

O choque perpassa pelo rosto de Alisha, e suas lágrimas também começam a cair.

"Alisha", diz Niyana, "eu sei que você ia querer saber disso o mais rápido possível para que pudesse confortar a família de Pradip".

Logo ficamos sabendo que Alisha era particularmente próxima de Pradip e que formou um relacionamento sólido com sua família.

"Sim", diz Alisha, limpando as lágrimas. "Pegarei minhas coisas e voltarei com você imediatamente." Com isso ela entra no quarto. A porta se fecha e todos ouvimos seu choro.

Ficamos lá parados em silêncio. Aaron diz baixinho: "Niyana, por que você e eu não pensamos no que podemos fazer pela família de Pradip?" Ela concorda e, juntos, se afastam um pouco para conversar.

O resto de nós se vira e anda silenciosamente de volta para nossos quartos para terminar de arrumar as mochilas. Enquanto isso, imagino as crianças com quem brincamos apenas dois dias atrás. Apesar de toda a dificuldade que vi e sobre a qual ouvi nestas montanhas, nunca me passou pela cabeça que dentro de 36 horas uma dessas crianças poderia morrer de uma doença. É claro que ouvi Aaron falar das estatísticas de que metade das crianças aqui morriam antes do oitavo aniversário. Mas de certo modo, essa frase "metade das crianças" me pareceu ambígua. Era muito genérica e difícil de imaginar. Mas agora eu não tenho só um número. Tenho um nome: Pradip.

Assim como Isaiah, meu filho de 5 anos.

É mais fácil digerir a pobreza enquanto vemos apenas números em uma página. É mais fácil ignorar os pobres se forem apenas uma estatística. Mas tudo muda quando conhecemos um deles. Tudo muda quando passamos tempo com um deles e dois dias depois ele morre.

Ele não só morre, mas está morto porque era pobre.

Se Isaiah tivesse diarreia e vômito, seria fácil de remediar. Era só dar bastante água potável para ele beber. Alguns medicamentos para tomar. E, se isso não funcionasse, poderíamos levá-lo a qualquer hora do dia ou da noite a um médico ou hospital para conseguir tratamento. Nunca passaria pela minha cabeça que tal doença poderia ser fatal. Isso é fruto não só de nossa riqueza, mas também do privilégio neste mundo, pois até a maioria dos pobres do meu país têm acesso ao tratamento médico básico.

Sento em minha cama e me pergunto: *e o que posso fazer com a riqueza e o privilégio que tenho?* Não é mais possível ignorar os pobres e as oportunidades que tenho de ajudá-los. Nem a indiferença. Conheço Provérbios 21:13 e não poderia ser mais claro: "Quem se faz de surdo aos gritos do pobre não será ouvido, quando ele mesmo clamar." E baseado no que li em Lucas 15 esta manhã, "os pobres" não são apenas um grupo estatístico geral e ambíguo. São pessoas. São crianças como Pradip.

E a resposta de Deus para mim será um reflexo da minha resposta a indivíduos como Pradip. Esse é um pensamento altruísta (e assustador, na verdade) para mim — e para todos os cristãos que tenham qualquer quantia de riqueza e privilégio.

Então como devo viver? Não suponho que possa mudar o sistema de saúde para milhões de pessoas nesta parte do mundo. Mas certamente há um jeito que eu possa cuidar dessas crianças. Com certeza posso cuidar de uma dessas famílias. Considerando Lucas 15, o mínimo que posso fazer é amar *um ser único.*

Mas nem isso é fácil, como descubro poucos minutos depois.

Cadeira na Trilha

O café da manhã é silencioso à medida que absorvamos a realidade. Alisha e Niyana comem algo rapidamente antes de orarmos por elas. E então voltam subindo a trilha.

Até Aaron está quieto. Ele amou e serviu essas pessoas por muitos anos, mas não ficou anestesiado com tragédias como essa. Ao terminarmos de comer, Aaron nos conta os planos do dia: "Temos uma caminhada curta esta manhã que nos levará ao início da trilha, onde pegaremos um ônibus e voltaremos à cidade. Comam alguns petiscos enquanto caminharem", ele nos aconselha, "porque vocês não vão querer entrar nesse ônibus de estômago vazio. Se não comerem, essas estradas tortuosas, subindo, descendo, dando voltas e atravessando as montanhas, não serão gentis com vocês".

Prontamente, todos pegamos os últimos lanches e barrinhas que trouxemos e colocamos nos bolsos. Acomodamos as mochilas nas costas e, ao começarmos a caminhada, admito para mim mesmo: *amanhã ficarei feliz em caminhar sem essa mochila nas costas.*

Pouco tempo depois vejo Chris, Sigs e Aaron parando mais à frente para falar com alguns homens. Um deles está sentado em uma cadeira na trilha, o que parece estranho. Ao me aproximar, escuto Aaron falando e não consigo acreditar no que escuto — e vejo!

Um dos homens está explicando como Kush, o homem na cadeira, vive na vila da igreja onde louvamos alguns dias atrás. Os dois homens com ele fazem parte da igreja. Aparentemente, uns dias antes, depois de trabalhar nos campos, Kush caminhava para casa quando uma grande rocha rolou da montanha em sua direção na trilha. Ele pulou para sair do caminho e caiu pela encosta, quebrando pelo menos uma de suas pernas (ele estava com dor extrema em ambas). Alguns aldeões o encontraram e o ajudaram a voltar para a trilha. Mas Kush não conseguia andar, e ainda não consegue. Ele precisa de atendimento médico rápido, mas obviamente não há tal ajuda próxima.

Membros da igreja ouviram seu problema e se ofereceram para ajudá-lo a descer a montanha até um hospital, então dois homens encontraram uma cadeira de madeira e cordas. Colocaram Kush na cadeira e o amarraram nela. Depois fizeram duas alças para colocar nos ombros de uma pessoa, como uma mochila. Ao explicarem isso, olhei esse homem amarrado a uma cadeira com cordas. *Não tem como isso funcionar*, pensei. Mas é claro que funcionou.

Depois de Aaron e todos os homens conversarem um pouco mais, um deles se agacha e passa os braços pelas alças. O segundo homem inclina Kush e sua cadeira na direção das costas do primeiro homem, que agora fica de pé, arqueado, com um homem de 68kg nas costas. E, então, começa a caminhar trilha abaixo — com Kush nas costas!

Eu espero que agora você tenha alguma ideia do quanto é desafiador caminhar por essas trilhas com uma mochila simples de 9kg nas costas, que, a propósito, é ergonomicamente projetada para o conforto do caminhante. É claro que é complicado caminhar apenas por encostas altas, inclinadas e estreitas, além das rochas de todos os tamanhos que precisamos subir e desviar, e os galhos de árvores que ameaçam nos prender.

Por todas essas razões, é fascinante ver esse homem carregando Kush em uma cadeira nas costas. Aparentemente, os dois homens têm alternado carregá-lo nos últimos dias. Eles também planejam pegar um ônibus no início da trilha, para de lá ir com Kush até um hospital.

Acho que estou vendo pessoalmente o que li em Lucas 5, apenas alguns dias antes, de como os amigos de um homem paralítico o carregaram até Jesus. E enquanto caminho atrás de um homem que carrega outro homem nas costas, minha mochila parece ficar mais leve de repente.

Mais além, enquanto reflito sobre o que li em Lucas 15 esta manhã, percebo que, de fato, cuidar do ser único nem sempre é tão fácil quanto parece.

O Ser Único É Encontrado

Enquanto caminhamos, como Aaron previra, a temperatura sobe, e logo estou suando. Seis dias atrás, eu tinha tanto frio que não podia imaginar suar novamente. Agora comecei a tirar as camadas para a última parte da jornada.

As paisagens também são diferentes. Quando começamos há seis dias, todo o terreno era branco. Agora vemos verdes exuberantes e marrons vivos na paisagem. É lindo de uma forma totalmente nova. Estamos seguindo o rio, atravessando-o para lá e para cá sobre pontes suspensas de aço. O chão das pontes é vazado, de forma que é possível ver a água correndo veloz mais abaixo. Algumas pontes são mais firmes do que outras, e algumas delas chacoalham e balançam quando uma rajada de vento forte bate. É um pouco angustiante quando acontece, e atravessamos o mais rápido possível.

Ao caminhar, começo a relembrar a semana. Imagino como vou resumir o que experienciei para Heather e meus filhos. Sinto como se qualquer tentativa de descrever tudo isso fosse lamentavelmente inadequada. Ainda assim, mal posso esperar para vê-los e tentar.

Mas ainda há mais experiências pela frente. Ao nos aproximarmos do início da trilha, Aaron nos diz que antes de pegarmos o ônibus, faremos duas paradas rápidas. A primeira é em um centro para crianças com deficiências. Mais especificamente, conheceremos um adolescente chamado Malkit.

Logo ficamos sabendo que Malkit tem paralisia cerebral, que afeta sua coordenação muscular, visão, audição, fala e habilidade de engolir alimentos. Ele nasceu em uma das vilas pelas quais passamos esta semana. Quando tinha 10 anos, Nabin o encontrou acorrentado em um celeiro.

A família de Malkit achava que ele era amaldiçoado e não sabia como cuidar dele, então ele cresceu com os animais no celeiro. Quando Nabin o encontrou, Malkit não sabia andar. Tendo ele mesmo sido acorrentado em um celeiro, Nabin imediatamente começou a trabalhar para resgatar Malkit. Com o apoio de sua família, Nabin e Aaron o trouxeram montanha abaixo e, junto de muitos outros, compartilharam o amor de Deus com ele. Há pouco tempo, eles o ajudaram a se estabelecer nesse centro, onde recebe cuidados para suas necessidades únicas.

Ao entrarmos, Malkit vê Aaron e Nabin e um sorriso contagiante toma conta de seu rosto. Ele está muito alegre enquanto caminha (sim, agora ele sabe andar!) até Aaron e Nabin e os abraça fortemente. Malkit começa a dizer por meio de uma fala arrastada o quanto ele é grato por como esses homens compartilharam e mostraram a ele o amor de Deus. Também diz o quanto gosta de morar nesse centro, os amigos que tem e tudo o que pode fazer, incluindo fisioterapia e vários tipos de atividades e jogos em grupo.

Sorrio e vejo Aaron e Nabin interagirem com Malkit. Ele é um jovem que um dia esteve acorrentado em um celeiro, vivendo com os animais, incapaz de caminhar, sem ninguém para ajudá-

-lo. Agora sorri, anda, brinca, abraça e dá risada. E, o melhor de tudo, sabe que Deus o ama o suficiente para enviar Jesus para que ele possa ter a vida eterna.

Há muito o que celebrar quando, assim como em Lucas 15, aquele que estava perdido é encontrado.

Resgatadas pelo Amor

Nossa visita no centro é rápida, e logo vamos à segunda parada.

"Essa e a casa de meninas que foram traficadas destas vilas", diz Aaron. "Elas foram resgatadas dos bordéis e trazidas para cá para estudar e obter treinamento profissional. E aqui aprendem sobre o Deus que dá a elas esperanças para o futuro."

Com essa introdução, entramos no local. Fico pasmo.

Olho em volta e vejo rostos de meninas que parecem tão jovens. Parecem ter entre 12 e 14 anos, talvez no máximo 16, mas dificilmente mais velhas do que isso. Enquanto observo seus rostos, são só crianças, penso no que passaram e preciso desviar o olhar antes de perder a compostura.

Em uma mesa do cômodo, vejo xícaras de vidro lascadas. A mulher que dirige o local, Liv, nos diz que elas são um projeto de artes. Em uma aula recente, o grupo falou sobre ver a beleza em meio ao que já está quebrado. Cada menina recebeu uma xícara de vidro que deveria quebrar jogando-a no chão. Em um primeiro momento elas ficaram hesitantes, mas uma a uma jogaram suas xícaras no chão e as viram se partir. Depois, foi pedido que colassem novamente suas xícaras, pedaço por pedaço.

Em seguida, colocaram uma pequena vela dentro de cada xícara e a acenderam. As rachaduras nessas xícaras permitiram que a luz das velas brilhasse ainda mais. Isso levou a uma discussão sobre como em nossas vidas podemos nos sentir mal por algo que fizemos ou que fizeram conosco. Mas, se deixarmos, Deus nos cola novamente e a luz de seu amor brilha ainda mais para que os outros vejam, mesmo com nossas cicatrizes.

Agora, conta-nos Liv, as meninas acabaram de dar os toques finais em uma pintura. Eu olho pela sala e a vejo rindo e sorrindo orgulhosas do que criaram juntas. É uma pintura do mundo em uma tela branca e azul-clara. Um conjunto diverso de aquarelas preenche os continentes e os países do mapa. "Que os povos vos louvem, ó Deus, que todos os povos vos glorifiquem." (Salmos 67:3) De fato, penso eu, há muito o que celebrar quando aqueles que estavam perdidos (e até escravizados pelo horror do tráfico sexual) são encontrados e resgatados pelo amor de Deus.

Colapso

Aaron nos diz que precisamos pegar o ônibus, então saímos da casa e vamos rapidamente até o ponto. Subimos as escadas de um ônibus com bancos parecidos com aqueles que eu andava para ir para a escola fundamental.

Sentando, meu coração está prestes a explodir de tanta emoção depois do que acabei de ver na casa para meninas, mas, infelizmente, as próximas seis horas não são propícias para reflexão. Enquanto vi um homem carregando outro em suas costas cruzando o rio, visitei o centro para crianças deficientes e depois fui para a casa de meninas resgatadas, esqueci totalmente de comer alguma coisa. Então quando o ônibus arranca, percebo: *isso não será agradável.* E realmente não é.

Hora após hora, descemos a montanha lentamente em ruas estreitas. Em diversos pontos do caminho há apenas espaço para um veículo, então quando encontramos outro motorista, paramos e esperamos para garantir que nenhum dos veículos caia pela encosta. Quanto mais descemos, mais rápido o ônibus segue, o que significa que estamos chegando mais rápido em nosso destino. Entretanto, isso também significa que o ônibus está se inclinando, fazendo-nos deslizar em nossos bancos. Eu me sinto enjoado, mas, como os outros, tento dormir para que o tempo passe.

Já é noite quando chegamos ao ponto de ônibus principal da cidade. Desembarcamos na escuridão com nossas mochilas e andamos até a pousada em que ficaremos. Estamos exaustos, prontos para nos aninhar na cama e dormir.

Mas, ao caminharmos pelas ruas com lojas e restaurantes de ambos os lados, noto que essa cena me lembra de alguma coisa que ouvi nas montanhas. À minha esquerda há uma loja de roupas normal. Logo ao lado vejo o que parece ser um restaurante, mas cada uma das cabines tem paredes de todos os lados e uma porta. Enquanto meus olhos se arregalam, vejo duas jovens sentadas na entrada do restaurante com olhares vazios no rosto. Elas têm mais ou menos a mesma idade das meninas que vi esta manhã na casa próxima ao início da trilha. Imediatamente a minha ficha cai: é um bordel.

Alcanço Aaron e pergunto: "Estou vendo o que acho que estou vendo?"

"Sim. Eu não sabia se você conseguiria perceber."

Antes dessa viagem, eu não saberia o que acontece nesta rua. Acharia que era uma parte da cidade para toda a família, onde as pessoas fazem compras e comem alguma coisa. Mas agora meus olhos veem algo totalmente diferente.

Fico de queixo caído enquanto caminho e observo ao meu redor. Vejo algumas lojas, e então um restaurante cabine com mais meninas na frente. Depois mais lojas e outro restaurante cabine. E outro. E mais um. Viramos a esquina e vejo outro. Cruzamos a rua para outra — e lá está mais um.

Há meninas bem jovens sentadas em frente a cada restaurante. Observo seus rostos. Elas me olham e sorriem. E aí fazem sinal para que eu vá até elas. Desvio o olhar, horrorizado. Sinto-me sujo por pensarem que quero usar e abusar delas. Em uma reviravolta tensa de emoções, quero fugir delas e resgatá-las ao mesmo tempo.

Enquanto seguimos caminhando, chego ao ponto em que mal posso olhar para nada à minha volta. Não quero ver mais nada disso. Não quero ver esses cubículos nos restaurantes e imaginar o que acontece dentro deles. Não quero ver os rostos de meninas para quem ser traficada como escrava sexual é um modo de vida. Ao caminharmos, só quero olhar para os meus pés e fingir que nada disso é real.

Finalmente, dobramos a última esquina e chegamos na pousada. Aaron dá instruções sobre nos pegar pela manhã para nos levar para o aeroporto, mas tenho problemas em ouvir. Continuo olhando para meus pés. Minha mente a todo vapor. Assim que ele termina, vou para o meu quarto sem dizer uma palavra. Fecho a porta, tiro a mochila e caio de cara no chão.

E é aí que acontece. Eu começo a chorar. Incontrolavelmente. Choro. E não consigo parar.

"Por quê, Deus?" Choro. "Eu não entendo o porquê! Por que você deixa essas meninas sofrerem isso? Por que deixa esses homens serem tão ruins? Por favor, faça parar! Agora, Deus, por favor, faça parar *agora*! Por favor, ceife esses homens. Por favor, Ó Deus, salve essas meninas... por favor, salve-as! Por que você não as salva — imediatamente?"

Continuo chorando. E não entendo. Não me acho honrado. Sei que sou um pecador. E sei que Deus é honrado. Sei que Deus é justo. Mas não entendo como o que vi se harmoniza com a virtude e a justiça de um Deus amoroso.

E não é só o que vi passando por esses restaurantes cabines. É o que vi no decorrer das montanhas na última semana. Todos os rostos inundam minha mente enquanto o meu rosto está no chão. Vejo o buraco no rosto de Kamal. Vejo o cuspe no queixo da menininha. Vejo crianças que podem morrer amanhã de diarreia. Vejo mais corpos em piras funerárias. E, em meio a um sofrimento físico tão grande na terra, poucas dessas pessoas ouviram falar em como podem ir para o céu.

"Eu não entendo, Deus!" Choro. "Por quê, por quê, por quê?"

"Ou o quê?", pergunto. "Não quero só questioná-lo, Deus, então o que está me dizendo para fazer? Você ama todas essas pessoas, incluindo cada uma daquelas meninas! Orei esta manhã que seria um reflexo de sua busca pelo amor, então o que isso significa?"

Nesse momento, fico de pé e penso: *devo voltar para as ruas e tirar essas meninas dos restaurantes?* Mas assim que faço essa pergunta, eu já sei a realidade. Não tenho ideia de para onde as levaria. Nem sei falar sua língua. E me lembro de como Aaron explicou que a polícia é corrupta e, na verdade, faz parte do esquema de tráfico, então eu estaria assinando meu próprio mandado de prisão.

Não quero arranjar desculpas, e quero fazer alguma coisa, mas não sei o que fazer.

Caio novamente de cara, mas dessa vez na cama, e confesso em meio às lágrimas: "Ó Deus, eu tenho tantas perguntas. Há tanto que não entendo."

Depois de uma longa pausa, continuo. "Mas confiarei que você odeie o mal muito mais do que eu. E confiarei que você ame as pessoas necessitadas muito mais do que eu. Então ofereço minha vida a você, de um jeito novo, imediatamente. Use-me, Ó Deus, do jeito que quiser me usar para fazer com que o ser único conheça seu amor como em Lucas 15. O homem, a mulher, o menino ou a menina em um mundo de necessidades físicas e espirituais urgentes."

Ao me deitar naquela cama pensando nos diferentes "seres únicos" que vi no decorrer da última semana, considerando Lucas 15, percebo uma coisa: *há apenas uma coisa pior do que estar perdido. O pior de estar perdido é quando ninguém tenta encontrá-lo.*

Com esse pensamento, meu rosto no travesseiro, durmo pensando nos indivíduos que conheci que, naquele momento, não têm ninguém tentando encontrá-los.

Reflexões

Imagine-se nessa pousada no fim da caminhada. Como você resumiria os pensamentos em sua mente? Como resumiria as emoções em seu coração?

Como rezaria como uma expressão desses pensamentos e emoções?

$Dia\ 8:$ Algo Precisa Mudar

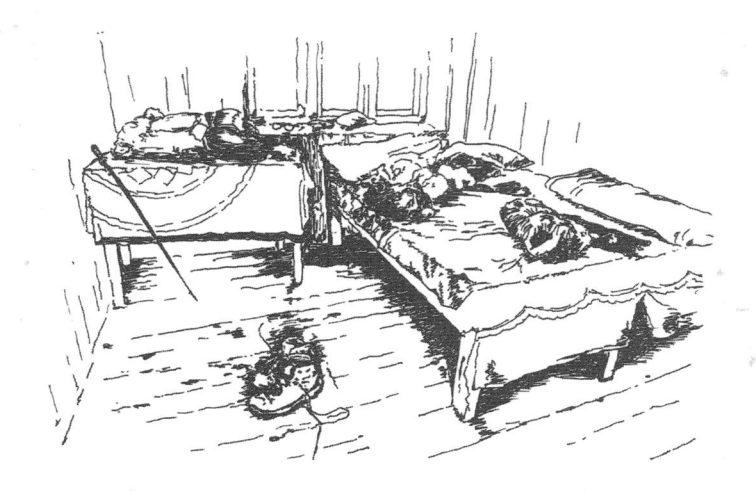

As Apostas São Altas

Acordo com o sol entrando pela janela. Ainda estou com as roupas da caminhada, mas lembro-me de que deixei uma muda de roupas limpas aqui para o voo de volta para casa. Depois de tomar um banho, coloco as roupas limpas e me sinto (e, honestamente, pareço e tenho cheiro) uma nova pessoa.

Aaron voltará em breve para nos pegar e levar até o aeroporto. Abro minha Bíblia e meu diário para alguns minutos sozinho com Deus:

> Havia um homem rico que se vestia de púrpura e
> linho finíssimo, e que todos os dias se banqueteava e

se regalava. Havia também um mendigo, por nome Lázaro, todo coberto de chagas, que estava deitado à porta do rico. Ele avidamente desejava matar a fome com as migalhas que caíam da mesa do rico... Até os cães iam lamber-lhe as chagas. Ora, aconteceu morrer o mendigo e ser levado pelos anjos ao seio de Abraão. Morreu também o rico e foi sepultado. E estando ele nos tormentos do inferno, levantou os olhos e viu, ao longe, Abraão e Lázaro no seu seio. Gritou, então: "Pai Abraão, compadece-te de mim e manda Lázaro que molhe em água a ponta de seu dedo, a fim de me refrescar a língua, pois sou cruelmente atormentado nestas chamas."

Abraão, porém, replicou: "Filho, lembra-te de que recebeste teus bens em vida, mas Lázaro, males; por isso ele agora aqui é consolado, mas tu estás em tormento. Além de tudo, há entre nós e vós um grande abismo, de maneira que, os que querem passar daqui para vós, não o podem, nem os de lá passar para cá."

O rico disse: "Rogo-te então, pai, que mandes Lázaro à casa de meu pai, pois tenho cinco irmãos, para lhes testemunhar, que não aconteça virem também eles para este lugar de tormentos."

Abraão respondeu: "Eles lá têm Moisés e os profetas; ouçam-nos!"

O rico replicou: "Não, pai Abraão; mas se for a eles algum dos mortos, arrepender-se-ão."

Abraão respondeu-lhe: "Se não ouvirem a Moisés e aos profetas, tampouco se deixarão convencer, ainda que ressuscite algum dos mortos." (Lucas 16:19–31)

Que história para se ler depois da última semana. O contraste na passagem é claro: por um lado, Deus responde às necessidades dos pobres com compaixão. Essa é a única parábola que Jesus conta em que alguém tem nome, então por que "Lázaro"? A resposta é porque seu nome significa "aquele a quem Deus ajuda". Lázaro é obviamente pobre — doente, aleijado, deitado nos portões do rico, onde come migalhas enquanto os cães se alimentam de suas chagas. Ainda assim, Deus está comprometido a ajudá-lo.

Em todas as Escrituras, não só nessa parábola, Deus ouve os prantos dos pobres e necessitados (Jó 34:28). Ele os satisfaz (Salmos 22:26), resgata (35:10), provê para eles (68:10), defende seus direitos (82:3), levanta (113:7) e defende sua causa com justiça (140:12). Claramente, Deus é o ajudante dos pobres, Aquele que responde às suas necessidades com compaixão.

Por outro lado, Deus responde com condenação aqueles que negligenciam os pobres. Esse homem rico não está no inferno porque tinha riquezas; está lá porque é um pecador cujo coração se satisfez em seus próprios luxos enquanto ignorava os pobres. Na verdade, ele jogava migalhas para eles. Sabia que existiam, mas fez pouco para ajudá-los.

E as consequências não poderiam ser maiores. Essa parábola pode ser o retrato mais horroroso do inferno em toda a Escritura. E vem direto da boca de Jesus. Os detalhes são gráficos — um homem atormentado nas chamas. Um lugar de tormentas separado por um grande abismo que nunca poderá ser cruzado por toda a eternidade.

A Bíblia deixa claro que nosso estado eterno depende da fé em Jesus, não de qualquer trabalho que possamos fazer em seu nome. No entanto, ela também deixa claro que aqueles que têm uma fé verdadeira em Jesus mostrarão com seu trabalho, particularmente em nome dos necessitados (Mateus 25:31–46; Tiago 2:14–26). Então os ricos que negligenciam os pobres inevitavelmente revelarão a realidade oculta de que não são do povo de Deus.

Escrevo em meu diário,

> Ó Deus, não quero ser como esse homem rico. Como devo gastar meu dinheiro? Como devo viver minha vida? O que queres que eu faça? Mudo minha vida e minha família para cá? Ou faço algo totalmente diferente?

Enquanto luto com essas perguntas, continuo lendo Lucas:

> Qual de vós, tendo um servo ocupado em lavrar ou em guardar o gado, quando voltar do campo lhe dirá: "Vem depressa sentar-te à mesa?" E não lhe dirá ao contrário: "Prepara-me a ceia, cinge-te e serve-me, enquanto como e bebo, e depois disto comerás e beberás tu?" E se o servo tiver feito tudo o que lhe ordenara, porventura fica-lhe o senhor devendo alguma obrigação? Assim também vós, depois de terdes feito tudo o que vos foi ordenado, dizei: "Somos servos como quaisquer outros; fizemos o que devíamos fazer." (17:7–10)

Assim que leio essa passagem, caio de joelhos e começo a escrever em meu diário em oração considerando o versículo 10,

> Ó Deus, sou teu servo me apresentando para o dever de hoje. Tu és meu mestre. Não quero mandar em minha vida. Quero apenas cumprir

com meus deveres. Ó Deus, quero apenas chegar ao fim e dizer: "Sou um servo indigno; fiz apenas o que deveria fazer."

Enquanto escrevo e oro, e antes de terminar de ler essa passagem em Lucas 17, ouço alguém bater na porta. Aaron está parado lá segurando um tubo que parece ter um pôster dentro.

"Bom dia", diz ele, e eu respondo gentilmente. "Já é hora de ir, mas enquanto você guarda suas coisas, queria lhe dar isto para colocar na mochila", diz, entregando-me o tubo.

"O que é?"

"Por que você não espera para abrir mais tarde? Além do mais, precisamos ir. Você está pronto?"

"Claro", digo, colocando o tubo na mochila. Em poucos minutos eu me junto aos outros, e depois de colocar nossas mochilas na van, vamos em direção ao aeroporto.

Cansado de Falar

Indo para o aeroporto ao lado de Aaron, que está dirigindo, pergunto: "Aaron, você não foi pastor de uma igreja antes de se mudar para cá?"

"Fui."

"E isso foi depois que você teve aquela primeira experiência de caminhada, certo?"

"Sim. Quando voltei depois de conhecer o traficante, decidi que faria tudo o que pudesse para difundir o evangelho e mostrar a graça de Deus nessas montanhas. Mas não me mudei para cá imediatamente. Servi como pastor, mobilizando pessoas para trabalharem aqui. No caminho, comecei a construir uma equipe — com pessoas deste país e de igrejas de outros países."

"Isso é interessante", digo enquanto penso no meu próprio desejo como pastor de mobilizar pessoas em diferentes locais do mundo. "Então o que o fez decidir deixar o pastorado na igreja para se mudar com sua família para cá?"

Aaron sorri e faz uma pausa. Sei que ele está hesitante em responder, quase como se não quisesse dizer o que está pensando. Então pergunto novamente: "Por que fez isso?"

"Você realmente quer saber?"

"Eu perguntei duas vezes já", digo, rindo. "Sim, realmente quero saber!"

"Eu cansei de falar." Ele sorri.

Agora eu entendo por que hesitou em responder. Aaron não queria me ofender. Eu sou um pastor... que fala bastante.

"Eu senti que estava *falando* do trabalho em meio à necessidade física e espiritual urgente", diz Aaron, "mais do que *realizava* o trabalho em meio a tais necessidades. E decidi que *isso* precisava mudar".

Vivendo com Urgência

Com isso, chegamos ao aeroporto. Aaron nos dá instruções de como chegar até o balcão de passagens e imigração para pegar o voo a tempo. Enquanto aperta a mão de cada um de nós, percebo que no decorrer de uma semana inesquecível, ele se tornou um bom amigo.

"Obrigado, Aaron, por me convidar — a todos nós — para vir para cá", digo a ele. Já que estou pensando se me mudo para cá um dia, digo: "Não sei ainda como, mas pode contar comigo — e conosco — como parte desse trabalho no futuro."

Ele sorri, nos abraçamos, e lá vamos nós pelo terminal.

Depois de esperar em várias filas, Chris, Sigs e eu finalmente chegamos ao nosso portão. O aeroporto é antigo e bem precário. Não há muito para onde ir, então encontramos um local não muito confortável para nos sentar por alguns minutos antes de embarcarmos. Pego minha Bíblia e meu diário para terminar Lucas 17. Ali leio estas palavras de Jesus:

> Mais tarde ele explicou aos discípulos: "Virão dias em que desejareis ver um só dia o Filho do Homem, e não o vereis. Então vos dirão: 'Ei-lo aqui'; e 'Ei-lo ali'. Não deveis sair nem os seguir. Pois como o relâmpago, reluzindo numa extremidade do céu, brilha até a outra, assim será com o Filho do Homem no seu dia. É necessário, porém, que primeiro ele sofra muito e seja rejeitado por esta geração.
>
> "Como ocorreu nos dias de Noé, acontecerá do mesmo modo nos dias do Filho do Homem. Comiam e bebiam, casavam-se e davam-se em casamento, até o dia em que Noé entrou na arca. Veio o dilúvio e matou a todos. Também do mesmo modo como aconteceu nos dias de Lot. Os homens festejavam, compravam e vendiam, plantavam e edificavam. No dia em que Lot saiu de Sodoma, choveu fogo e enxofre do céu, que exterminou todos eles. Assim será no dia em que se manifestar o Filho do Homem. Naquele dia, quem estiver no terraço e tiver os seus bens em casa não desça para os tirar; da mesma forma, quem estiver no campo não torne atrás. Lembrai-vos da mulher de Lot. Todo o

que procurar salvar a sua vida, perdê-la-á; mas todo o que a perder, encontrá-la-á. Digo-vos que naquela noite dois estarão numa cama: um será tomado e o outro será deixado; duas mulheres estarão moendo juntas: uma será tomada e a outra será deixada. Dois homens estarão no campo: um será tomado e o outro será deixado." (Versículos 22–36)

O objetivo dessa passagem é simples. Jesus está dizendo a seus discípulos que seu retorno será repentino e surpreendente. Pode acontecer a qualquer momento. Enquanto me sento no aeroporto, percebo que Jesus poderia voltar agora. Ou poderia voltar daqui a uma hora, quando eu estiver no avião. Poderia ser antes de eu chegar em casa. Este poderia ser meu último dia. E isso significa que eu preciso viver hoje com a urgência do que é importante para sempre.

Então escrevo,

Ó, a urgência aqui! Este poderia ser o dia do retorno de Jesus. Ou amanhã. Ou depois de amanhã. Eu não tenho tempo a perder. Ó Deus, por favor, ajude-me a não desperdiçar o dia de hoje. Quero viver com urgência enquanto eu viver.

E mesmo enquanto escrevo isso, percebo o perigo que está por vir para mim enquanto penso em entrar no avião, pois sei que, se não tiver cuidado, poderia ir para casa e, em vez de viver com urgência, facilmente me acomodar na complacência. Mas os Kamals, as meninas escravizadas e as pessoas prestes a serem colocadas em piras funerárias não precisam da minha complacência. Elas não precisam que eu e outros cristãos vivamos como se alguém em algum lugar fará algo hoje em relação a suas necessidades físicas e espirituais urgentes; elas precisam que eu, e outros cristãos, vivamos como se este pudesse ser seu último dia.

Estamos prestes a embarcar. Enquanto guardo minha Bíblia e meu diário, Chris pergunta: "David, como você resume seu aprendizado dessa viagem?"

Não preciso nem pensar muito para responder. Sei exatamente o que Deus me falou por sua Palavra durante essa caminhada.

"Algo precisa mudar", digo. "Em minha vida. Em minha família. Na igreja. Não sei exatamente o que isso significa, mas sei que eu não posso — e nós não podemos — continuar as coisas como sempre foram.

"Algo precisa mudar *agora*."

Reflexões

Em que área da sua vida você tem mais propensão a "falar" do que "agir" ao viver o evangelho?

Enquanto nos preparamos para pensar no que precisa mudar, quais são as maiores barreiras que impedem de ocorrer uma mudança em potencial na sua vida? Quais são os obstáculos mais significativos que o atrapalham a viver com urgência pelos necessitados à sua volta, bem como pelo mundo?

E Agora?

"Que os povos vos louvem, ó Deus, que todos os povos vos glorifiquem!"
Salmos 67:3

*E*ntão o que precisa mudar? Certamente não suponho saber a resposta dessa pergunta por você. Meu primeiro objetivo ao compartilhar essa caminhada era fazê-lo chegar ao ponto — junto a mim — de fazer essa pergunta. Ao ponto em que você sinta, espero que de um jeito novo em seu coração, as necessidades urgentes à nossa volta pelo mundo, e em que acredite, mesmo com todas as perguntas que você ou eu possamos ter, que Jesus é realmente a última esperança em meio a tais necessidades. Além disso, espero que perceba que Deus projetou a sua vida para que fosse usada para difundir Sua esperança em meio às situações mais irremediáveis do mundo.

Um dos perigos de viagens como essa é que podemos experimentar emoções variadas, e talvez até assumir diversos compromissos, mas semanas depois de retornar, nossas vidas ficam exatamente iguais a antes. Com certeza, isto é um livro e não uma viagem, mas imagino se existe o mesmo perigo. Realmente acredito que este livro não cumpriu seu objetivo se sua vida acabar exatamente como antes de lê-lo.

Pensei muito sobre os Provérbios 24:11–12 desde que me deparei frente a frente com os Himalaias. Deus diz:

> Livra os que foram entregues à morte,
> salva os que cambaleiam indo para o massacre.
> Se disseres: "Mas, não o sabia!"
> Aquele que pesa os corações não o verá?
> Aquele que vigia tua alma não o saberá?
> E não retribuirá a cada qual segundo seu procedimento?

Esses versículos das Escrituras deixam claro que Deus responsabiliza você e eu pelo que sabemos. Eu sou responsável pelo que vi naquelas montanhas, e agora que você leu este livro, também o será. Se nós sabemos que aquelas pessoas estão sofrendo tanto física quanto espiritualmente dessa forma, então somos responsáveis perante a Deus pelo que fazemos (ou não fazemos) em resposta.

Minha Jornada

Quando voltei para os Estados Unidos, Heather e as crianças me buscaram no aeroporto e voltamos juntos para casa. Era tarde, então colocamos as crianças para dormir, um momento humilde e tocante para mim, considerando o que vi nas vidas de outras crianças na última semana. Enquanto isso, Heather me implorava para que contasse a ela todos os detalhes da viagem. Devido à distância dessas montanhas, raramente nos comunicamos enquanto eu estive fora. Isso significa que ela não sabia de tudo que se debatia em minha mente, incluindo a possibilidade de nos mudarmos para o exterior.

Eu sabia que estaria cansado e com jet lag por causa do voo, então meu plano era esperar até a manhã seguinte para me sentar com Heather e compartilhar tudo o que acontecera. Sabia que seria uma conversa complicada, então queria estar totalmente descansado.

Mas ela não aceitou — queria saber os detalhes imediatamente. Então nos deitamos na cama e eu folheava meu diário, compartilhando diferentes histórias. Eu lutava fisicamente para me manter acordado enquanto ela me fazia perguntas. Então, bem quando cheguei no ponto em que escrevi que Deus podia levar nossa família a nos mudar para o exterior, houve uma longa pausa em nossa conversa. É claro que ela estava absorvendo essa notícia. Infelizmente, durante a pausa, eu caí no sono.

Imagine a cena: acabo de contar à minha esposa que talvez nos mudássemos para as montanhas dos Himalaias, e ela está totalmente chocada. Enquanto isso, eu apago em um sono comatoso, roncando.

Não preciso nem dizer que a primeira coisa que aconteceu na manhã seguinte foi Heather me acordar dizendo: "Precisamos continuar de onde paramos ontem à noite!"

Quase imediatamente começamos a explorar a possibilidade de uma mudança. Ao mesmo tempo, uma organização de missões internacionais (chamada International Mission Board ou IMB) me abordou sobre me tornar líder dessa organização. A

IMB representa dezenas de milhares de igrejas que reúnem coletivamente seus recursos para dar suporte financeiro a milhares de missionários que servem pelo mundo em países menos alcançados pelo evangelho. Em um primeiro momento eu não quis considerar a conversa com a IMB, mas então tive que no mínimo me perguntar: *por que eu estaria disposto a considerar me mudar para o exterior e não um cargo focado na liderança e mobilização de várias pessoas para o exterior?*

Mesmo assim, no meio de tudo isso, eu amava as pessoas na igreja em que era pastor na época e não conseguia imaginar deixá-las. Então me prostrei diante do Senhor, todos os dias, e orei: "Deus, farei o que quiseres que eu faça com tudo o que me destes."

Ao longo de meses de jejum e oração como esta, sozinho, com Heather e com os pastores de nossa igreja, Deus de maneira clara e inconfundível me levou à IMB, onde eu serviria pelos próximos quatro anos.

Mas a oração de entrega continuou — regularmente. Agora morando em Richmond, Virgínia, como o líder da IMB, aceitei um convite de ensinar a Palavra de Deus na região metropolitana de Washington, D.C., na McLean Bible Church. Por uma série de circunstâncias imprevistas e eventos inexplicáveis, Deus de maneira clara e inconfundível me levou a começar a pastorar essa igreja nessa cidade global onde tantas nações são representadas e da qual tantos povos saem para trabalhar pelas nações. Ser pastor dessa igreja acabou me fazendo deixar meu cargo na IMB.

Como pastor, agora sonho, planejo e trabalho com irmãos e irmãs em nossa igreja de mais de cem nações diferentes para disseminar a esperança do evangelho pelo mundo, começando na grande Washington, D.C. Além disso, eu, Chris (da caminhada) e outros trabalhamos para criar um ministério global e uma plataforma de doação que visa mobilizar recursos na igreja para difundir o evangelho em meio às necessidades mais urgentes no mundo. Estou mais animado do que nunca estive com as oportunidades que existem agora para divulgar o evangelho. Nas palavras de Aaron, a última coisa que quero fazer como pastor é *falar* sobre o trabalho em meio à necessidade urgente. Eu quero *realizar* esse tipo de trabalho! E ainda imagino se um dia Deus me levará em uma viagem só de ida para outra parte do mundo.

Sua Jornada

O motivo de eu compartilhar tudo isso não é sugerir que seu caminho se pareça com o meu. Na verdade, o objetivo é que não pareça. Deus não chama todos para liderar organizações de missões, pastorar uma igreja ou se tornar um missionário em outro país. Ele certamente chama alguns de nós para fazer essas coisas, e eu orei para que Deus usasse este livro para chamar muitas pessoas para isso. Mas Seu chamado não é só para líder, pastor ou missionário. É para cada um de nós. Seja você um professor, especialista em cocô de truta, profissional de negócios, pai ou mãe em tempo integral, estudante ou aposentado, Deus criou a sua vida para usá-la em um mundo de necessidades urgentes.

Então não menospreze o papel que Deus o chama para desempenhar, começando por onde você mora. Perceba que Deus o colocou onde está por uma razão. Você não está na sua cidade ou comunidade por acidente. Tem seu trabalho, sua escola, sua vizinhança ou seu prédio de apartamentos com os dons, aptidões, habilidades e recursos que possui pela criação divina. Deus lhe deu soberanamente oportunidades únicas para espalhar o evangelho no mundo ao seu redor.

Não sei quais são as necessidades físicas e espirituais mais urgentes à sua volta, mas Deus sabe. Então pergunte a ele: "Onde estão os pobres, os oprimidos, os órfãos, os escravizados e, por fim, os perdidos à minha volta?" Então perceba que Deus ama tanto esses homens, mulheres e crianças que colocou você próximo a eles. Ele quer que a esperança de Jesus seja difundida, compartilhada e aproveitada entre eles por meio da sua vida.

E perceba que o efeito da sua vida poderia ir muito além de onde você mora agora. Abra seus olhos para oportunidades que tem de usar seu tempo, dinheiro e talentos para divulgar o evangelho onde ele ainda não chegou e servir a pessoas que precisam com urgência ver e sentir o amor de Deus pessoalmente.

Lembre das histórias que compartilhei na caminhada sobre as oportunidades para estudantes, profissionais e aposentados de aproveitarem seus dons, habilidades e experiências únicas para difundir a esperança do evangelho em meio à necessidade urgente do mundo. Depois pense em sua vida. De que maneiras únicas sua vida pode fazer a diferença para espalhar o amor Dele no mundo?

O Desafio

Considerando as necessidades urgentes à nossa volta e as amplas oportunidades à nossa frente, quero concluir este livro com um desafio. O objetivo é ajudá-lo a discernir o que precisa mudar na sua vida, família, igreja ou no seu futuro como resultado da jornada que realizamos. O desafio tem quatro partes, e eu o ofereço a você enquanto também me desafio das mesmas formas.

Trabalhe Muito para Ajudar Bem em Meio ao Sofrimento Terreno

Cada palavra desta parte do desafio é importante. Começarei pelo fim. Quando uso o termo *sofrimento terreno*, estou me referindo principalmente a todos os tipos de sofrimentos físicos que as pessoas experienciam no mundo. Considerando nossa caminhada, pense em Kamal que não tem um olho e nem acesso a auxílio médico. Ou pense nas vilas em que as crianças e seus pais estão morrendo de cólera porque não têm água potável. Pense nas crianças com necessidades especiais acorrentadas fora de suas casas, ou nas preciosas menininhas vendidas como escravas sexuais.

O mundo à nossa volta é cheio de sofrimento terreno. Na cidade em que vivo, e em todos os lugares do mundo para onde viajo, vejo diversos tipos de sofrimento. Recentemente, retornei da Tailândia, onde trabalhei ao lado de irmãos e irmãs em obras contra o tráfico. Logo depois, estive em apartamentos e casas na região metropolitana de Washington, D.C., onde famílias lutam com sérias necessidades físicas. Servi em um trabalho de nossa igreja para crianças (e famílias) com necessidades especiais. Na semana seguinte, estive em uma viagem para a Etiópia e para Uganda, apoiando o trabalho entre órfãos e refugiados. Infelizmente, não é difícil achar oportunidades de ajudar em meio ao sofrimento terreno — para qualquer um de nós, independentemente de onde moremos ou trabalhemos.

Porém, o perigo é que podemos fazer vista grossa e ignorar muito facilmente essas oportunidades. Se não formos cuidadosos, podemos nos isolar do sofrimento mais severo à nossa volta. Podemos nos isolar em nossas casas e até mesmo nas igrejas; nos ocupar com a correria da vida, escola, trabalho e diversão; e nunca nos envolver em ser as mãos e os pés de Cristo para os mais necessitados à nossa volta.

Então vamos *ajudar bem* em meio ao sofrimento terreno. Minha intenção em enfatizar *bem* aqui é reconhecer que, se não tivermos cuidado, até nossa tentativa de *ajudar* pode acabar prejudicando aqueles a quem ajudamos — basta pensar nos exemplos mencionados anteriormente.

Existem situações familiares em algumas partes do mundo em que os pais enviam seus filhos para um orfanato porque não têm capacidade financeira de alimentá-los. Não seria mais útil explorar soluções de mitigação da pobreza entre esses pais que os tornasse capazes de ficar com seus filhos?

Da mesma forma, os homens e as mulheres com quem trabalhei na Tailândia estão explorando maneiras mais inteligentes de resgatar não apenas uma jovem que foi vendida como escrava, mas de evitar que centenas como ela sejam traficadas em primeiro lugar. Pelo bem dessas meninas — ou, de modo similar, meninos e homens que são vendidos como escravos na indústria de pesca da Tailândia —, cabe a nós ajudar bem.

E *trabalhar muito* para esse fim. Não será fácil se quisermos fazer a diferença entre os necessitados ao nosso redor. Isso exige um compromisso verdadeiro. Se não formos cuidadosos, podemos nos aproximar dos necessitados com um ato de serviço breve ou uma doação rápida, apenas para nos congratular e seguir em frente. Não é isso que o evangelho exige. Celebramos e imitamos um Rei que "não veio para ser servido, mas para servir e dar sua vida em resgate por uma multidão" (Mateus 20:28). Ele "se humilhou ainda mais, tornando-se obediente até a morte, e morte de cruz" (Filipenses 2:8).

Consequentemente, não vamos nos enganar pensando que há soluções fáceis para o sofrimento terreno. Eu me lembro de

Aaron nos Himalaias. Ele passou anos lidando com necessidades urgentes naquelas montanhas. Encontrou diversos contratempos, e ainda assim insistiu, trabalhando muito para ajudar bem em meio ao sofrimento terreno. Embora não trabalhemos todos na mesma escala que ele, vamos todos trabalhar com a mesma determinação.

Então onde e como você pode trabalhar muito para ajudar bem em meio ao sofrimento terreno? Ao responder a essa pergunta de forma pessoal e prática, considere uma segunda parte deste desafio.

Trabalhe Mais Ainda para Evitar que as Pessoas Sofram Eternamente

O contraste entre sofrimento *eterno* e *terreno* nesta parte do desafio é proposital. Assim como entre *muito* e *mais ainda*.

Aqui faço uma distinção entre os tipos de sofrimento que as pessoas experimentam neste mundo e no sofrimento duradouro que as que não têm Cristo terão além deste mundo. Um envolve vários tipos de destituições; o outro envolve o tipo mais extremo delas (isto é, a danação). Um dura por um número limitado de anos; o outro dura para sempre.

Sem dúvidas, essa é a realidade mais difícil de crer e entender. Mas é uma realidade que a Bíblia não deixa que você ou eu tenhamos uma opção de desacreditar ou deixar de lado. Portanto, só faz sentido trabalhar "mais ainda" aqui.

Eu o desafio a trabalhar mais ainda para difundir o evangelho. Para compartilhar a mensagem da santidade de Deus; de nossa pecaminosidade; da vida, morte e ressurreição única de Jesus; e da necessidade urgente de as pessoas confiarem nele como o Salvador e Senhor da vida eterna. O evangelho é a melhor notícia em todo o mundo, satisfaz a maior necessidade mundial e, como tal, devemos trabalhar mais ainda para que seja conhecido.

Trabalhar para providenciar água potável, clínicas médicas, cuidado para órfãos, resgate da escravidão e todos os outros tipos de sofrimentos terrenos é extremamente significante. Ainda assim, o trabalho que aborda o sofrimento eterno é infinitamente mais importante. Como espero que você tenha visto, não existe filtro de água, programa de alimentos, clínicas médicas ou operação de resgate da escravidão que, por si só, leve alguém para o céu. Muito além de todas essas necessidades físicas está a necessidade de reconciliação com Deus, e ela só pode ser satisfeita quando o evangelho é proclamado.

De forma alguma isso significa que restringimos a ajuda em meio ao sofrimento terreno àqueles que acreditam no evangelho. Pelo contrário, esperamos que essa ajuda chame ainda mais atenção para o evangelho. E acreditamos que, quando alguém crê no evangelho, o coração é transformado e a igreja é iniciada, abrindo caminho para todos os tipos de grandes trabalhos para lidar com o sofrimento terreno.

E isso acaba levando à próxima parte do desafio, mas antes de seguirmos, deixe-me destacar o que espero que seja óbvio. Você tem oportunidades de satisfazer a maior necessidade do mundo imediatamente. Hoje. Você está cercado de pessoas distantes de Deus e a caminho do sofrimento eterno. E tem o antídoto para esse problema! Então encontre alguém hoje — agora mesmo — e compartilhe o evangelho com essa pessoa. Comprometa a sua vida a fazer isso todos os dias onde mora.

E para onde quer que Deus o guie. Espero que a caminhada pelos Himalaias tenha aberto seus olhos de modo novo para a realidade de que muitas pessoas no mundo têm pouco ou nenhum conhecimento do evangelho. Muitas nunca ouviram falar de Jesus. Encorajo você a considerar de que modos sua vida, sua família ou sua igreja podem desempenhar um papel em fazer com que o evangelho chegue a essas pessoas. Pense da seguinte forma: como gostaria que uma pessoa do outro lado do mundo vivesse se você estivesse no caminho para o inferno perpétuo e ninguém tivesse lhe contado como ir para o céu? Responda essa pergunta e, então, viva de acordo com isso.

Seja a Igreja que Deus nos Chamou para Ser

O cristianismo prioriza a comunidade, e nenhum cristão segue Jesus isolado dos outros. Então esta terceira parte do desafio se refere às nossas vidas nas igrejas às quais pertencemos. O propósito de uma igreja local é ser uma exibição do amor de Cristo na comunidade local e enviar membros para espalhar a esperança além da comunidade. Pensando bem, a imagem é bem simples.

Porém, como vimos nas trilhas, podemos complicar a igreja facilmente. Podemos encher nossas igrejas com vários tipos de coisas que não estão na Bíblia. Podemos concentrá-las em construções para atender aos nossos confortos e orçamentos com programas que priorizem nossas preferências. Mas não foi isso que Deus chamou a igreja para ser ou o que a chamou para fazer.

Então eu o desafio, na igreja à qual faz parte, a abrir a sua Bíblia com seus colegas cristãos e deixar tudo às claras. Pergunte a Deus o que é mais importante para ele em um mundo de necessidades físicas e espirituais à sua volta e pelo mundo. Depois orem juntos: "Deus, faremos qualquer coisa que queira que façamos com tudo o que nos deste."

Ao rezarem juntos, digam a Deus: "Se isso significa vender nosso prédio, o faremos. Se significa eliminar todos os programas, o faremos. Se for reorganizar totalmente nosso orçamento, o faremos. Porque queremos mais que seu evangelho seja difundido do que manter nossas tradições, e queremos que sua esperança seja conhecida, experimentada e aproveitada em um mundo necessitado mais do que queremos nossos confortos na igreja."

Obviamente não sei o que Deus levará sua igreja a fazer em resposta a essa oração. Enquanto a rezamos na igreja que tenho o privilégio de ser pastor, ainda não sei de tudo o que ele nos levará a fazer. Mas, felizmente, Deus não nos deixa no escuro em relação ao que nos disse para fazer. Há pouco tempo passei pelas características essenciais de uma igreja de acordo com a Bíblia e elas são bem simples e diretas:

- Pregue sua Palavra.
- Compartilhe o evangelho.
- Reze fervorosa e frequentemente.
- Louvem juntos.
- Doem juntos.
- Amem uns aos outros.
- Ajudem uns aos outros a crescer em Cristo.
- Comprometam suas vidas juntos para angariar discípulos e multiplicar as igrejas entre as nações, independentemente do que isso custe.[*]

Desafio você e os outros cristãos em sua igreja a se doarem totalmente a essas coisas, confiantes de que a igreja pode realmente mudar o mundo — se a fizermos direito.

Em um mundo de necessidade urgente, seja a igreja que Deus nos chamou para ser.

---

[*] Para mais informações detalhadas sobre esse tópico, veja "12 Traits: Embracing God's design for the church", https://radical.net/book/12-traits-embracing-gods-design-for-the-church [conteúdo em inglês].

Participe da Corrida que Deus o Chamou para Correr

A palavra-chave na parte final deste desafio é *correr*. Não pretendo diminuir as exortações repetidas na Palavra de Deus para que *caminhemos* com ele. E não pretendo encorajar um ritmo insustentável que leve à exaustão. Não estou desafiando você a uma corrida de velocidade. E, bem, não estou extremamente preocupado que muitos de nós estejam trabalhando ainda mais para espalhar o evangelho pelo mundo.

Então, de maneira intencional, eu o desafio, como em Hebreus 12:1–3, a ver um mundo de necessidade urgente à sua volta e não ficar parado, e nem apenas a andar, mas correr. Imediatamente.

Lembro-me de ler aquela passagem final em Lucas 17 no aeroporto na volta para casa. Jesus está voltando, a qualquer momento. Você está parado agora às portas da eternidade, e não há garantias de um amanhã. Então corra enquanto ainda tem tempo *hoje*.

Viva com um sentido sagrado de urgência, como se hoje pudesse ser seu último dia. Jonathan Edwards, um pastor que Deus usou para alimentar o Primeiro Grande Despertar na igreja, escreveu em suas resoluções que recitaria todos os dias: "*Determinado*, a pensar muito, em todas as ocasiões, em minha própria morte, e nas circunstâncias comuns que a acompanham."* David Brainerd, conhecido por doar sua vida para compartilhar o amor de Deus entre as tribos nativas norte-americanas que tinham pouco conhecimento sobre o evangelho, disse quase a mesma coisa no decorrer do diário de sua curta vida antes de morrer aos

---

* S. E. Dwight, *The Life of President Edwards* (Nova York: G. & C. & H. Carvill, 1830), 68, www.google.it.ao/books?id=kDxTqrWsOq4C&pg=PA70&focus=viewport&dq=edit ions:ISBN0803974612&lr=&as_brr=0&output=html_text [sem publicação em português].

29 anos. Você pode pensar: *isso é deprimente. Por que eu viveria assim?*

Pelo seguinte. Porque você e eu precisamos nos lembrar de que nossas casas, saúde, contas bancárias, veículos, trabalhos e confortos nesta vida não nos garantem nada neste mundo. Um dia (e poderia ser hoje) tudo pode desaparecer, então precisamos nos lembrar de viver hoje pelo que dura eternamente.

Precisamos correr pelo nosso próprio bem, e também pelo bem dos outros. Pelo bem de Kamal. De Sijan. Pelo bem de mais meninas que foram traficadas ontem, e de mais corpos queimando em piras funerárias hoje. Pelo bem de pessoas como você e eu que precisam desesperadamente de esperança que não encontrarão em nenhum outro lugar do mundo.

E não só pelo bem delas. Mas pelo bem Dele. Pela glória de Jesus em um mundo em que ele deseja ser conhecido como o Escolhido que pode, sozinho, salvá-lo do pecado, curar a mágoa mais profunda e dar vida eterna. Nas palavras de Hebreus 12:2, fixe seus olhos em Jesus e o siga com um foco determinado. Pelo bem de Jesus, deixe que a realidade do evangelho em sua cabeça alimente o fervor do evangelho em seu coração que leve a uma urgência do evangelho em sua vida.

Que Todos os Povos Vos Glorifiquem

Ao aceitar o desafio que fiz anteriormente, ofereço a você esta garantia: quanto mais você doa sua vida para espalhar o amor de Jesus em um mundo de necessidades urgentes, mais experienciará a alegria de Jesus em sua vida. Prometo que há poucas coisas mais gratificantes do que levar a esperança aos sofredores, tornar-se familiar aos esquecidos, anunciar a liberdade aos cativos e levar aqueles em um caminho de morte eterna a conhecerem a vida eterna.

Quero relembrá-lo daquela última manhã na Ásia antes de irmos para o aeroporto. Aaron me deu um tubo que parecia ter um pôster dentro. Bem, não era um pôster; era um quadro.

Assim que o abri e desenrolei, percebi de onde vinha. As meninas na casa próxima ao início da trilha, que tinham sido resgatadas do tráfico, tinham acabado de pintá-lo quando as visitei. Lembro-me de seus rostos, sorrindo e dando risadinhas de alegria e orgulho de sua pintura. É um quadro do mundo com este verso belamente escrito sobre ele:

Que os povos vos louvem, ó Deus,
que todos os povos vos glorifiquem! (Salmos 67:3)

Agora olho para esse quadro pendurado na parede do cômodo central em minha casa. Para mim, é um lembrete constante da dor que essas meninas sentiram um dia e da alegria que conhecem agora. Além disso, é um chamado contínuo para que eu chore por aqueles que ainda sofrem e faça tudo o que puder para que minha vida, família e igreja façam a diferença em difundir o amor de Deus entre eles.

Então termino com esta simples pergunta para sua reflexão — e ação: o que precisa mudar em sua vida para realizar mudanças com a esperança de Jesus em um mundo de necessidades físicas e espirituais urgentes?

Projetos corporativos e edições personalizadas
dentro da sua estratégia de negócio. Já pensou nisso?

Coordenação de Eventos
Viviane Paiva
viviane@altabooks.com.br

Assistente Comercial
Fillipe Amorim
vendas.corporativas@altabooks.com.br

A Alta Books tem criado experiências incríveis no meio corporativo. Com a crescente implementação da educação corporativa nas empresas, o livro entra como uma importante fonte de conhecimento. Com atendimento personalizado, conseguimos identificar as principais necessidades, e criar uma seleção de livros que podem ser utilizados de diversas maneiras, como por exemplo, para fortalecer relacionamento com suas equipes/ seus clientes. Você já utilizou o livro para alguma ação estratégica na sua empresa?

Entre em contato com nosso time para entender melhor as possibilidades de personalização e incentivo ao desenvolvimento pessoal e profissional.

PUBLIQUE
SEU LIVRO

Publique seu livro com a Alta Books. Para mais informações envie um e-mail para: autoria@altabooks.com.br

CONHEÇA OUTROS LIVROS DA **ALTA LIFE**

Todas as imagens são meramente ilustrativas.

ROTAPLAN
GRÁFICA E EDITORA LTDA

Rua Álvaro Seixas, 165
Engenho Novo - Rio de Janeiro
Tels.: (21) 2201-2089 / 8898
E-mail: rotaplanrio@gmail.com